Uli Rothfuss
Hermann Hesse privat

*Hermann Hesse, ein Dichter, der es auch verstand, Späße zu machen
(Aufnahme um 1957)*

Uli Rothfuss

Hermann Hesse
privat

In Texten,
Bildern und
Dokumenten

edition q

Die Deutsche Bibliothek – CIP-Einheitsaufnahme:

Rothfuss, Uli:
Hermann Hesse privat:
in Texten, Bildern und Dokumenten / Uli Rothfuss. –
2., erg. Aufl. – Berlin: Ed. q, 1997
ISBN 3-86124-350-4

Lektorat: Klaus R. Dichtl
Coverabbildung: Ölporträt Hermann Hesse von
Gunter Böhmer, 1937. Zentralbibliothek Solothurn/Schweiz
(Schenkung Muggli)
Druck und Binden: Ebner Ulm
Printed in Germany

ISBN 3-86124-350-4

Inhalt

Vorwort

Zunächst reichlich skeptisch reagierte ich auf die Anfrage des Verlages edition q, Berlin, ein Buch über Hermann Hesse zu verfassen. Als Autor, der in Calw, der Geburtsstadt des Dichters, lebt und sich seit Jahren mit Hesse und dessen Werk auseinandersetzt, läge es nahe, so der Verlag, diese Erfahrungen zusammenzutragen.

Skeptisch machte mich auch der Arbeitstitel der angefragten Veröffentlichung: „Hermann Hesse privat".

„Das Gucken durchs Schlüsselloch – obwohl heute literaturfähig – scheint mir kindlich", schrieb mir Hesse-Sohn Heiner, dem ich von den Plänen berichtete, und weiter: „. . . aber das meinen Sie ja gewiß nicht."

Ein Blick durchs Schlüsselloch, ein erhaschtes Eindringen in die Intimsphäre des Dichters, nein, so verstand ich die Ausrichtung meiner Arbeit gewiß nicht, auch nicht als wissenschaftliche Untersuchung der Einflüsse familiärer Beziehungen auf das Werk des Dichters. Eher als ein „An-der-Hand-genommen-werden" durch Hesse, durch seine biographischen Texte, seine Briefe: hin zu Orten, die zu Bedingungen seines in dieser Konsequenz einmaligen Künstlerlebens wurden. Eine Spurensuche also vor Ort wie auch in seiner Literatur, in Zeugnissen von Zeitgenossen, die den Dichter persönlich kannten, ihn besuchten oder mit ihm in Briefwechsel standen.

Und schließlich verstehe ich „Hermann Hesse privat" auch als Suche nach Fingerzeigen, die mir persönlich dieses Werk und Leben eines Künstlers geben können, mit dem mich auch die gemeinsame Erfahrung einer „Heimatstadt" verbindet.

Also begab ich mich auf den interessanten Weg an seiner Hand, durch unser heutiges Schwarzwaldstädtchen Calw, durch Hesses Stationen Maulbronn und Tübingen, Basel, Gaienhofen am Bodensee, Brunnen am Vierwaldstädter See, durch Bern und schließlich Montagnola. Und einen Teil dessen, was mir auf diesem Weg begegnete, was mir aus dem Werk des Dichters „über den Weg lief" und haften blieb, was mich einfach auch persönlich anrührte, habe ich für dieses Buch zusammengetragen.

Insofern handelt es sich auch um ein ganz persönliches Buch meiner Begegnungen mit Hermann Hesse an verschiedenen Orten seines Lebens, ein Buch, das die Geschichte einer permanenten Herausforderung des durch und durch der Menschlichkeit verpflichteten und im Einsatz für dieses Ideal engagierten Dichters an den Leser und selber Schreibenden erzählt.

Mein besonderer Dank gebührt an dieser Stelle den Hesse-Söhnen Heiner und Bruno Hesse, die jederzeit zur Verfügung standen, auftretende Fragen zu beantworten, und die sich auch bereit erklärten, sich auf ein Gespräch zum „privaten" Hesse einzulassen. Aber auch Frau Ursula Böhmer möchte ich herzlich danken: Durch ihr Einverständnis ermöglichte sie die Publikation von Texten ihres im Jahre 1987 verstorbenen Ehemannes Prof. Gunter Böhmer, die dieser über die seit 1933 dauernde Freundschaft mit Hermann Hesse – beide lebten ab diesem Jahr in Montagnola, Böhmer bis zu seinem Tod in der Casa Camuzzi – verfaßt hat. Außerdem war mir Frau Böhmer bei der Bereitstellung und Auswahl wichtiger bildnerischer Zeugnisse dieser einzigartigen Künstlerfreundschaft behilflich und gab Auskunft über die Beziehungen zu Hermann und Ninon Hesse. Weiter möchte ich Herrn Dr. Georg Schoeck, einem Neffen des Schweizer Komponisten und Hesse-Freundes Othmar Schoeck, sowie seiner Frau Elisabeth Schoeck-Gruebler für die Unterstützung und Aufnahme in ihrem Haus in Brunnen danken, wie auch Frau Viktoria Fuchs vom Deutschen Literaturarchiv in Marbach für die zahlreichen Hinweise auf geeignetes Illustrations-Material. Herrn Prof. Dr. Christian Immo Schneider von der Washington State University in Ellensburg/ USA danke ich für seine Anregungen, sowie all denen, die während der intensiven Arbeit an dem vorliegenden Buch viel Verständnis aufbrachten, allen voran meiner Familie und meinen Freunden. Dank auch dem die Arbeit am Buch behutsam begleitenden Lektor des Verlages, Herrn Klaus R. Dichtl.

Für die zweite Auflage habe ich den Text des Buches überarbeitet und einige inzwischen festgestellte Unstimmigkeiten behoben sowie behutsam kleine Erweiterungen und mir wichtige Reaktionen auf das Buch aufgenommen.

Calw, im Frühjahr 1997   *Uli Rothfuss*

Von einer Reise also will ich berichten, davon, was übrig geblieben ist: von Zeiten, von Orten, von Begegnungen, die zu Bedingungen für das Werk eines Dichters werden sollten, der die Literatur und darüber hinaus vielleicht auch die Gesellschaft unseres Jahrhunderts mitgeprägt hat:
Hermann Hesse.

Spuren im Werk und im Leben des Dichters nachspüren, diese lebendig werden lassen und weiterverfolgen, Äußerungen Hesses und denen von Zeitgenossen nachgehen – und an manchen Stellen auf ihre Gültigkeit für mich, für das Heute, überprüfen.

I

Calw

Kindheit und Jugend eines Dichters
in einem *„kleinen, alten, schwäbischen
Schwarzwaldstädtchen"*

Willenlos führen lassen möchte ich mich von ihm zu den Orten seiner Erinnerung, zuallererst an die Stätte seiner Geburt: in das auch
heute noch kleine, beschauliche Schwarzwaldstädtchen Calw an der
Nagold, und hier zu jenen Orten, die für den Dichter zeitlebens
zum Symbol für „Heimat" werden und es bleiben sollten. Seine Auseinandersetzung mit dieser „Heimat-Stadt" nacherleben – eine Auseinandersetzung, die auch mich zu einem Begriff dessen geführt
hat, welche Geborgenheit die Erinnerung an einen Ort vermitteln
kann, der einem ein Leben lang und in jeder anderen Stadt, in jedem
anderen Land, „Heimat" bedeutet.

Calw, das Schwarzwaldstädtchen im Nagoldtal.
Ansicht von Westen (hist. Foto)

Also: An der Hand von Hermann Hesse dieses Städtchen Calw entdecken, das er einmal als „die schönste Stadt von allen aber, die ich kenne" bezeichnet hat, als das „Vorbild und Urbild aller Menschenheimaten und Menschengeschicke", wo er am 2. Juli 1877 geboren wird. „Nach schwerem Tag abends halb sieben Uhr schenkte Gott in seiner Gnade das heiß ersehnte Kind, unseren Hermann, ein sehr großes, schweres, schönes Kind, das gleich Hunger hat, die hellen, blauen Augen nach der Helle dreht und den Kopf selbständig dem Licht zuwendet. Ein Prachtexemplar von einem gesunden, kräftigen Burschen", notiert Mutter Maria Hesse in ihrem Tagebuch[1] über die Geburt des ersten Sohnes.

Es soll den Vornamen der Großväter Carl Hermann Hesse[2] und Hermann Gundert[3] tragen. Großvater Dr. Hermann Gundert, der Missionar und Leiter des „Calwer Verlagsvereins", in dem Schriften zur „Förderung der inneren und äußeren Mission" verlegt werden, wird den kleinen Hermann auch in der Wohnung der Familie im Haus am Marktplatz auf diesen Namen taufen.

Calwer Marktplatz mit Postkutsche vor Hesses Geburtshaus
(Haus Daur – hist. Foto)

12

Die Familie Hesse: v. l. Adele, Hans, Johannes, Marulla,
Marie und Hermann Hesse (Aufnahme von 1899)

In diesem Haus lebt die Familie Hesse mit den Kindern Isenberg
aus erster Ehe der Mutter, Theodor[4] und Karl[5]. Hermann Hesses
Geschwister Adele[6], Marulla[7] und Hans[8] werden dort ebenfalls geboren. Auch Leid kommt in diesem Haus über die Familie: Zwei
Kinder sterben, kaum daß sie geboren sind, Paul und Gertrud.

Weder Vater Johannes[9] noch Mutter Marie Hesse binden allerdings alte familiäre Beziehungen an das Schwarzwaldstädtchen
Calw. Wie also kommt es, daß Hermann hier geboren wird? Im
Jahre 1833 hat der Pfarrer H. C. Barth[10] mit einigen Freunden den
„Calwer Verlagsverein" gegründet – jenen Verlag, der weit über die
Grenzen des Nagoldtales im nördlichen Schwarzwald hinaus Bekanntheit erlangte mit seiner dreifachen, selbstgesetzten Aufgabe:
der Einführung in die Heilige Schrift, der christlichen Volksbildung
und der Dienstleistung für die innere und äußere Mission.

Als sich Barth 1859 aus gesundheitlichen Gründen nach einem
Mitarbeiter umsehen muß, findet er diesen in dem in Stuttgart geborenen und in Indien als Missionar tätig gewesenen Dr. Hermann
Gundert, dem Großvater von Hermann Hesse. Gundert wird nach
dem Tode Barths im Jahr 1862 zum Vorstand des Verlagsvereins

13

berufen und gewinnt 1873 den Missionar Johannes Hesse, Hermann Hesses Vater, als Mitarbeiter. Johannes Hesse begegnet in Calw der verwitweten Tochter von Gundert, die er 1874 heiratet. Das zweite Kind dieser Ehe ist Hermann Hesse.

Die Ursprünge der Familien Hesse und Gundert liegen freilich zum großen Teil weitab des beschaulichen Städtchens im Nordschwarzwald. Vater Johannes Hesse wurde 1847 in Weißenstein/ Estland als Sohn des Arztes Dr. Carl Hermann Hesse geboren. Nach Besuch des Gymnasiums in Reval wurde er in Basel zum evangelischen Theologen ausgebildet und 1869 ordiniert. Bevor er seine Tätigkeit beim „Calwer Verlagsverein" aufnahm, war er in Indien als Missionar tätig.

Die Mutter von Hermann Hesse, Marie geb. Gundert verw. Isenberg, wurde 1842 in Talatscheri in Indien geboren. Mit vier Jahren kam sie nach Europa, zuerst nach Basel und dann nach Korntal bei Stuttgart. Nach der Rückkehr zu den Eltern in Indien wirkte sie dort später ebenfalls in der Missionsarbeit. Als ihr Vater Dr. Hermann Gundert erkrankte, kehrte sie mit den Eltern wieder nach Deutschland zurück. Mit ihrem ersten Mann, dem Missionar Charles Isenberg[11], verbrachte sie dann nochmals einige Jahre in Indien. Nach dem Tod des ersten Mannes im Jahre 1870 fand sie mit ihren beiden Söhnen Aufnahme im Elternhaus Gundert in Calw.

Ein Gang durch dieses Städtchen Calw, das „kleine, alte, schwäbische Schwarzwaldstädtchen", geführt von den Fingerzeigen Hermann Hesses, scheint mir der rechte Weg, mich auch dem Werk des Dichters zu nähern. Er scheint mir auch die Möglichkeit zu bieten, einen Weg zu ihm selbst zu beschreiten, zu den Wurzeln seines Denkens und Empfindens: „(. . .) denn alle diese Bilder, und hundert andre, haben einst dem Knaben als Urbilder Hilfe geleistet, und nicht irgend einem Begriff von ‚Vaterland', sondern eben diesen Bildern bin ich zeitlebens treu und dankbar geblieben, sie haben mich und mein Weltbild formen helfen (. . .)"[12]

Es scheint, als ließen sich in Calw Urgründe wie auch Interpretationshilfen für das Werk des Dichters finden, denn: „Der Mensch erlebt das, was ihm zukommt, nur in der Jugend in seiner ganzen Schärfe und Frische, so bis zum dreizehnten, vierzehnten Jahr. Davon zehrt er sein Leben lang", schreibt Hesse in seinem Roman „Roßhalde".[13]

Der spätere Dichter verbringt seine ersten vier Lebensjahre in die-

Calwer Marktplatz mit Rathaus (Mitte) und evangelischer Stadtkirche (hist. Foto)

ser Kleinstadt im Nordschwarzwald, dann die Zeit vom 9. bis zum 12. und zuletzt von seinem 17. bis zum 18. Lebensjahr. Hier schuf er auch im Alter von elf Jahren für die Schwester Marulla sein erstes „literarisches" Werk, das Märchen „Die beiden Brüder".

Auch das heutige, um ein rundes Jahrhundert gealterte Calw hat noch einiges bewahrt von der Schönheit der Zeit, in der Hermann Hesse hier lebte. Die Gräben, die in der Aufbau- und „Wirtschaftswunder"-Zeit geschlagen wurden, nachdem auch diese Stadt zwei große Kriege zu verwinden hatte, protzig in die Innenstadt gepflanzte Beton-Architektur, wurden zwischenzeitlich durch behutsame städtebauliche Kosmetik gekittet, und „vieles in Calw erinnert ja noch an damals", meint der erste Sohn des Dichters, Bruno Hesse, bei einem Gespräch Ende der achtziger Jahre, wobei er an den letzten Besuch mit seinem Vater in dessen Geburtsstadt im Jahre 1931 zurückdenkt.

Auch Ansätze dieses immer wieder von Hermann Hesse beschworenen Heimatbegriffes zu erfahren verspreche ich mir durch die Erschließung der heutigen Stadt Calw anhand von Aussagen aus Hesses Werk; ein Heimatbegriff, den der Dichter mit vielen Erinnerungen an die Vaterstadt verbindet. Denn welches Verhältnis Hesse zu dem für alle heute in Deutschland Großwerdenden, nicht

Hermann Hesses Geburtshaus am Calwer Marktplatz (Mitte)
mit Marktbrunnen (Aufnahme von 1992)

unbelasteten Begriff „Heimat" besitzt, zeigt sich in vielen seiner Texte, explizit in einem Auszug aus seinem Dankbrief nach Zuerkennung der Ehrenbürgerschaft durch den Calwer Gemeinderat im Jahre 1947: „Das schöne alte Calw ist für mich nach wie vor die Heimat geblieben, obwohl ich sowohl durch meine Art von Weltbürgertum wie durch meine Einbürgerung in die Schweiz ihr scheinbar fern gerückt bin. Heimat ist für mich nie ein politischer Begriff gewesen, sondern ein rein menschlicher."[14]

Befürchtungen, bei meinen Gängen und Erinnerungen in eine wehmütige Heimattümelei abzusinken, entzieht mir Hermann Hesse also von vornherein.

Durch dieses älter gewordene Calw nun möchte ich mit ihm wandern, ein wenig träumen und verweilen. Mich auf die „alte Steinbrücke", die Nikolausbrücke, setzen und hinunterblicken auf die

16

Nikolausbrücke mit Nikolauskapelle über der Nagold, einst Hauptverkehrs-
weg in die Calwer Innenstadt (hist. Foto)

unten durchfließende Nagold, den Flößern der Jahrhundertwende
nachspüren, den „Unseßhaften, Wanderern, Nomaden", wie Hesse
sie bezeichnet, die der Calwer Jugend vor hundert Jahren „Gelegenheit zu Abenteuern, Aufregungen und Konflikten mit (. . .) Ord-
nungsmächten boten."[15]

Und dann weitere Stationen nachspüren, mir von ihnen erzählen
lassen: von Maulbronn, wo Hesse die Vorbereitung auf das „schwäbische Landexamen" durchlaufen soll, von Bad Cannstatt und Stetten, von seiner Tübinger Lehrzeit als Buchhandelsgehilfe bei
Heckenhauer, mir Gaienhofen erschließen, wo er mit Familie als
Schriftsteller seßhaft wird, und schließlich Bern und Montagnola,
den Alterssitz des Dichters im Tessin, aufsuchen.

So also einige seiner Lebens-Stationen durchstreifen und sie Teil
werden lassen von mir, versuchen, sie mit den Augen des Dichters
zu sehen und doch mit den eigenen, und dabei die Gelegenheiten
beim Schopfe packen und ihn immer wieder befragen, in sein Werk,
in seine Bücher, in seine Briefe eintauchen: in Dialog treten mit
dem Dichter.

Er begegnet mir auch gleich mit einer Warnung, er dämpft meine
kühnen Erwartungen: „Heute habe ich jene Heimat nicht mehr

17

(. . .) Die liebe alte Stadt und das ganze Tal ist mir fremd geworden und gehört nicht mehr mir. Die Kinderheimat ist zu Erinnerung und Heimweh geworden; es führt keine Straße mehr dorthin."[16] Es ist wahr: Lange Zeit ist es her, daß er zusammen mit seinem ältesten Sohn Bruno im Jahre 1931 die Stadt seiner Geburt ein letztes Mal besuchte, danach über dreißig Jahre bis zu seinem Tod nicht mehr. Und viel hat sich verändert in diesen Jahren, auch in dieser Stadt. Aber manches hat sich vielleicht auch nicht verändert: Es leben hier noch die gleichen schwäbischen Eigenbrötler wie damals, wenn sich auch seit Jahrzehnten vermehrt südländische Farbtupfer dazwischenmischen; es stehen noch die gleichen markanten und Calw prägenden Bauten, der Wald reicht noch immer bis an die Innenstadt heran, und wenn man wirklich einmal einige Augenblicke lang innehält und von der Nikolausbrücke neben der gotischen Brückenkapelle auf das Flüßchen Nagold hinunterblickt, dann meint man auch schon den Hauch des „Zaubers einer vorübergegangenen, gesegneten Zeit" zu spüren, den Hesse in vielen Erinnerungen an diese Stadt heraufbeschwört, den „dichten Märchenduft von Heimat, Vergangenheit, Träumerei und Weltferne", wie ihn der gealterte Wanderer Hermann Hesse empfand.

Ich gehe es ein, das Wagnis, hier in dem modernen Calw Hesse erfahren zu wollen, ich begebe mich in seine Gefolgschaft auf meinem Gang durch diese Stadt:

„Am Bahnhof lief der alte bärtige Portier mit derselben Aufregung wie früher auf und ab und drängte die Leute vom Geleise weg, und unter den Leuten sah ich meine Schwester und meinen jüngeren Bruder stehen und erwartungsvoll nach mir blicken", beschreibt Hesse eine Ankunft in Calw.[17] Wie würde er sich heute wundern: Im Erdgeschoß des altehrwürdigen, buntsandsteinfarbenen Bahnhofsgebäudes hat sich ein Supermarkt eingerichtet, um den Bahnhof sind Parkplätze abgegrenzt, und einige Kioske drängen sich auf dem schmalen Eingangsplateau der früheren Wartehalle. Der offizielle Stadtbahnhof wurde in die Innenstadt verlegt, „an den Bischof" – als Jahrhundertbauwerk pries man den Betonklotz nach dessen Fertigstellung. Eine moderne Ritterburg, die an die Felswand gegenüber dem Flüßchen gebuckelt wurde, gleich neben das Haus, in dem sich zu Hesses Zeiten der „Calwer Verlagsverein" und die Wohnung des Verlagsleiters befand – Hesses Elternhaus.

Zurück zum alten Bahnhof. Nur wenige Züge fahren dort noch

Neuer Bahnhof von Calw in der Bischofstraße, dahinter das ehemalige Gebäude des „Calwer Verlagsvereins", das jetzt einen Einkaufsmarkt und Büros beherbergt (Aufnahme von 1992)

durch, nachdem ein Teil der Streckenverbindungen aus Kostengründen stillgelegt wurde. Den zweiten Hesse-Sohn Heiner befiel bei einem seiner Besuche in Calw Ende der achtziger Jahre bereits die Angst, den Ausstieg verpaßt zu haben, als sein Zug den alten Bahnhof passierte und sich in einem weiten Schwung am Berg entlang über die Stadt erhob, bevor er schließlich doch noch auf dem Dachplateau des neuen Betonklotzes stoppte. Mit Hund war Heiner aus dem Tessin nach Calw gekommen, um etwas von der Verehrung, die dem Vater heutzutage hier entgegengebracht wird, über sich ergehen zu lassen. Fast wären ihm der Huldigungen zu viel geworden, und am Ende des Abends, bei einem Glas roten Württemberger Weines in der Bücherstube einer der letzten Familien der Calwer Hesse-Verwandtschaft, als er das Interesse der Calwer an dem Sohn „ihres" Dichters Revue passieren ließ, war er schließlich froh, dem Ansturm entronnen zu sein.

Überhaupt genießt Hermann Hesse heutzutage mancherlei Ehrung in seiner Geburtsstadt: Ein Hermann-Hesse-Platz wurde nach dem großen Sohn der Stadt benannt. Dort steht auch ein Her-

*Platz an der Nikolausbrücke in Calw, heute Hermann-Hesse-Platz
(hist. Foto)*

mann-Hesse-Brunnen mit dem in Bronze gegossenen Konterfei des
Dichters; an seinem Geburtshaus sind Gedenktafeln angebracht;
am Gebäude der ehemaligen Werkstätte Perrot, wo er als Mecha-
nikerpraktikant tätig war, ebenso; das Gymnasium der Stadt erhielt
nach langem Hin und Her und kontroverser öffentlicher Diskussion in den sechziger Jahren den Namen des in der Stadt geborenen
Dichters; die schon seit langen Jahren bestehende Hesse-Gedenkstätte wurde zu einem prächtigen, Leben und Werk des Dichters
vielfältig darstellenden Hermann-Hesse-Museum ausgebaut. Alle
zwei Jahre findet hier ein Internationales Hermann-Hesse-Kollo-
quium mit Fachleuten und Hesse-Lesern zu ausgewählten Themen
aus dessen literarischem Werk statt. Calw verleiht an Persönlichkeiten, die sich um die Kultur verdient machen, eine Hermann-
Hesse-Medaille. An markanten Stadtgrenzen weisen überdimen-
sionale Schilder auf die „Hermann Hesse-Stadt" hin.
    Vorbehalte dem Dichter gegenüber, der in derselben Stadt zu Zei-
ten der nationalen Emphase, vor allem während beider Kriege, auch
schon als „Vaterlandsverräter" und da und dort als in den Augen
der beständig „schaffenden" Schwaben „nutzloser Taugenichts" ver-
schrien wurde, scheint es heute nicht mehr zu geben; so wie den

20

Schwaben ein ausgeprägter Sinn für den goldenen Boden des Handwerks eigen ist, zeigt sich auch hier ihr Sinn für das Geschäftliche – schließlich bringt der berühmte Dichter auch als guter Werbeträger durchaus seinen Nutzen.

Ich mache mich vom alten Bahnhof aus auf den Weg. Hinter dem Gebäude, den Geleisen zugewandt und mit dem Rücken an die warme Buntsandsteinmauer gelehnt, nur einige Meter abseits von Supermarktparkplatz und Imbißbuden und ungestört von der vielbefahrenen, nur wenige Schritte an der Vorderfront des Bahnhofs vorbeiführenden Bundesstraße, scheint sich auch tatsächlich ein Stück weit diese Atmosphäre der Jahrhundertwende erhalten zu haben – jener Zeit, in der der Buchhandelslehrling Hermann Hesse von Tübingen aus zuhause ankommt und von seinen erwartungsvollen Geschwistern abgeholt wird: „ (. . .) Mein Bruder hatte für mein Gepäck einen kleinen Handwagen mitgebracht, der die ganzen Bubenjahre hindurch unser Stolz gewesen war. Auf den luden wir meinen Koffer und Rucksack (. . .) Sie tadelte es, daß ich mir jetzt die Haare so kurz scheren lasse, fand meinen Schnurrbart hingegen hübsch und meinen neuen Koffer sehr fein.“[18]

Ausgehend von diesem monumentalen Bahnhofsgebäude entdeckt Hesse schon zu jener Zeit die Heimatstadt neu – als einer, der hierher nur noch zu Besuch kommen und doch in dieser Stadt für immer heimisch bleiben wird.

Die Bahnhofsstraße entlang, heutige Bundesstraße, die noch immer nach dem alten Bahnhof benannt ist und in die Stadt hineinführt, wanderte er auch damals mit der Schwester an der Hand und dem Bruder einige Schritte voraus, der hinter sich her den Handwagen zog: „Wir lachten und sahen uns in die Augen, gaben einander von Zeit zu Zeit wieder die Hände (. . .) Über unserem engen Tale stand der Sommerhimmel glänzend blau, die weißen Straßen stäubten leicht, vor dem benachbarten Posthause standen die Botenwagen aus den Walddörfern, und auf der Gasse spielten die kleinen Kinder mit Gluckern und wollenen Bällen.“[19]

So mag er damals hinuntergeträumt sein in die Stadt, der heimkehrende Hermann Hesse. Heute ist hier von dem beschriebenen Idyll nicht mehr viel zu spüren: Auf der vielbefahrenen Durchgangsstraße, die sich schnurgerade in die Stadt hineinfrißt, rauschen die Fahrzeuge an dem schmalen Gehweg vorüber, und wenn sich gar zwei Lastzüge begegnen, dann muß man fast schon befürchten, gegen eine Hauswand gedrückt zu werden. Je länger sich die Straße so hinzieht, um so mehr beginnt man, es eilig zu haben. Ich komme an dem Gebäude der ehemaligen mechanischen Werkstätte von Heinrich Perrot vorüber, dort wo Hesse – nach seiner Flucht aus der ihm vorgezeichneten theologischen Laufbahn im Klosterseminar Maulbronn, nach Monaten bei Christoph Blumhardt zum „Teufelaustreiben" in Bad Boll, nach Selbstmordversuch und Aufenthalt in der Nervenheilanstalt in Stetten, nach dem mißlungenen, nur dreitägigen Versuch einer Buchhandelslehre in Esslingen und dann monatelanger Tätigkeit als Bürogehilfe im Verlag des Vaters – ab dem Jahr 1894 als Mechanikerlehrling einen „rechten Beruf" erlernen soll.

„Dichter oder gar nichts" wolle er werden, hat Hesse nach seinem Weggang aus dem Klosterseminar Maulbronn verkündet: Ein für die streng pietistischen Eltern nur schwer verständlicher Wunsch, deren Geduld während des monatelangen Müßiggehens des Sohnes im Elternhaus nach der Flucht aus Maulbronn auf eine schwere Probe gestellt wird. So ist es nur zu verständlich, wenn Mutter Marie Hesses Schwester Adele mitteilt, wie sehr sie sich freut, daß der Sohn endlich den Entschluß gefaßt hat, eine Lehre anzutreten: „Papa kam um vier an, trank Kaffee und lag ins Bett, erholte sich bis zum Nachtessen soweit, daß er nachher zu Wackenhut gehen konnte, da Hermann ihn gleich nach seiner Heimkehr selber bat, anzufragen, ob er bei ihm in Arbeit – Lehre – treten könnte. Dort ist's nun nichts, neben Supper kann er keinen brauchen, aber doch ist's nun soweit, daß Hermann wünscht, eine Arbeit zu kriegen. Dafür sei Gott Dank."[20]

In der mechanischen Werkstatt der Turmuhrfabrik Heinrich Perrot schließlich bekommt Hermann Hesse die gewünschte Stelle eines Mechaniker-Praktikanten. Mutter Hesse ergänzt nur wenige Tage später: „Er kauft sich heute blaue Bluse und Hose. Gott gebe Seinen Segen zu diesem Versuch und lasse es gelingen! Jetzt ist Hermann ganz dafür begeistert, ob's anhält, ob er Körperkraft genug und Energie und Ausdauer hat?"[21]

Freilich spielen auch hier für Hesse höhere Ideale eine Rolle: In seinem im Jahre 1923 geschriebenen Text „Biographische Notizen" gibt er einen Grund für seine Entscheidung zur Aufnahme dieser Tätigkeit preis: „ (. . .) und es galt für eine auffallende Sache, daß der zum Studieren bestimmte Sohn eines gebildeten Beamten in

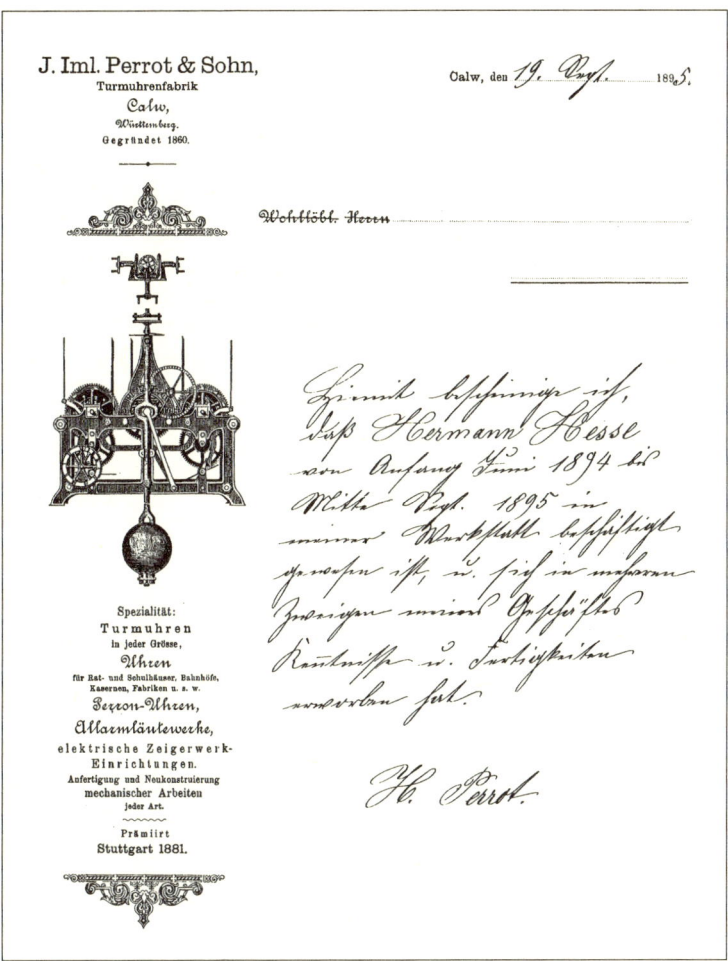

Zeugnis von Heinrich Perrot über die Praktikantenzeit Hesses in seiner Turmuhrenfabrik 1894 - 1895

einer blauen Schlosserbluse herumlaufend Arbeiter in einer Werkstatt sei. "

Über ein Jahr verbringt der junge Hesse im Betrieb Perrots, und er wird von seinem Lehrherrn zum Abschluß der Praktikantenzeit bescheinigt bekommen, daß er „sich in mehreren Zweigen meines Geschäfts Kenntnisse und Fertigkeiten erworben hat" – ein Zeugnis, das freilich bescheiden genug ausfällt.

Calwer Bischofstraße einst und jetzt: Postamt und Gebäude des
„Calwer Verlagsvereins" sind heute moderne Bürogebäude, die Bischofstraße
präsentiert sich als vielbefahrene Bundesstraße

Beginn der Nikolausbrücke mit der Jugendkneipe „Demian"
(Aufnahme von 1992)

Hermann Hesse wird diese Zeit als die einzige in Erinnerung behalten, während der er als handwerklich arbeitender Mensch von Berufs wegen tätig war. Seinem Lehrherrn, dem Mechanikermeister Heinrich Perrot, wird er viel später, bei der Niederschrift des Romans „Das Glasperlenspiel" in den dreißiger Jahren unseres Jahrhunderts, als Erfinder der Mechanik ein literarisches Denkmal setzen.

Nur einen kurzen Blick widmet man beim Vorbeigehen dem „Haus Giebenrath" in der Bahnhofstraße, heute ein Hotel, das im Erdgeschoß ein chinesisches Restaurant beherbergt. Heinrich Giebenrath, Bäcker und Gastwirt von Beruf, war der Nachbar der Familie Hesse, als diese im Verlagsgebäude in der Bischofstraße wohnte. Den Namen „Giebenrath" verwendet Hesse gleich in mehreren Werken: In seinen Erzählungen „Garibaldi", „Der Hausierer" oder in dem Roman „Unterm Rad", wo er als Hauptfigur den Hans Gie-

Nikolausbrücke mit Nikolauskapelle (Aufnahme von 1992)

benrath zeichnet, eine an dem Schulsystem seiner eigenen Jugend zerbrechende, arme Figur .

Man beginnt es allmählich eilig zu haben, um wegzukommen vom Lärm und Staub der Durchgangsstraße. Eine Annäherung an das von Hesse beschriebene Idyll beginnt sich erst wieder einzustellen, als ich nach der Jugendkneipe „Demian" – eine der eher zweifelhaften Huldigungen an den Dichter – auf die alte, steinerne Nikolausbrücke abbiege, die schräg gegenüber dem Haus zu finden ist, in dem früher der „Calwer Verlagsverein" seinen Sitz hatte und wo die Familie Hesse von 1886 bis 1889 und wieder von 1893 an, dann in der Wohnung des Verlagsleiters, wohnte.

„Mein erster Gang war über die alte steinerne Brücke", erinnert sich Hesse[22], „das älteste Bauwerk des Städtleins. Ich betrachtete die kleine gotische Kapelle, an der ich früher tausendmal vorbeigelaufen war, dann lehnte ich mich auf die Brüstung und schaute den raschen Fluß hinauf und hinab. Die behagliche alte Mühle, an deren Giebelwand ein weißes Rad gemalt gewesen war, die war verschwunden, und an ihrem Platz stand ein neuer großer Bau aus Backsteinen."

Der Backsteinbau ist heute ebenfalls einem großen Betongebäu-de gewichen, in dem sich ein Parkhaus befindet. Gut hundert Meter unterhalb der Nikolausbrücke ebnet jetzt eine breite Nagoldbrücke den Weg zur Innenstadt – die Nikolausbrücke, bis vor wenigen Jahr-zehnten Nadelöhr in die Innenstadt für jeglichen Fahrzeugverkehr, ist heute den Fußgängern vorbehalten. Touristen sind es hauptsäch-lich, viele auf den Spuren ihres Dichters Hermann Hesse, die hier einige Augenblicke verweilen und den immer noch raschen Fluß hinauf- und hinabschauen oder einen Blick ins Innere der Niko-lauskapelle werfen. Zwei Steinpfeiler tragen die Brücke, einer davon auch die Kapelle St. Nikolaus, die um 1400 erbaut wurde und eines der ältesten Bauwerke der Stadt darstellt.

Ich verweile hier, nach der Flucht vor Kieslastern und Omnibus-sen auf der Bahnhofstraße lädt die von der Frühsommersonne ge-wärmte Buntsandsteinbrüstung ein, einige Augenblicke in jene me-ditative Ruhe zu versinken, die ich für den Weitergang in die Gassen der Stadt benötige.

„Das ist mir der liebste Platz im Städtchen", schreibt Hesse über diese Brücke und den sich daran anschließenden kleinen Platz, „der Domplatz in Florenz ist mir nichts dagegen."[23]

Etwas weiter, knapp vor dem Hesse-Platz, der mit den ihn um-schließenden Fachwerkhäusern schon zur Innenstadt gehört, sitzt ein junger Gitarrenspieler und musiziert für die Vorbeigehenden; gegenüber der Brückenkapelle, auf einem Ruhebänkchen, unter-halten sich zwei ältere Herrschaften über die Nischenfiguren der Kapelle und verspeisen Sandwiches aus dem nahegelegenen Schnell-restaurant.

Hier also hat auch er gesessen, der junge Hermann Hesse, vor hundert Jahren, er ließ seine nackten Füße über die Brückenbrü-stung baumeln und hatte die Angelschnur in den Fluß geworfen. Hier traf er sich mit Schulkameraden, von hier aus ging's als heim-licher Mitfahrer auf den Schwarzwaldflößen bis hinunter nach Hir-sau und noch weiter: „Weit öfter, als mein guter Vater ahnte, bin ich als kleiner Bub für kurze Strecken blinder Passagier auf einem Floß gewesen. Es war streng verboten, man hatte nicht nur die Er-zieher und die Polizei gegen sich, sondern leider meistens auch die Flößer. Schöneres und spannenderes gibt es für einen Knaben nicht auf der Welt als eine Floßfahrt."[24] So erinnert sich Hermann Hesse an die Abenteuer seiner Kindheit.

Flößer auf der Nagold (hist. Foto)

Zu jenen Zeiten wurden die Tannenstämme aus dem Schwarzwald während des Sommers zu großen Flößen zusammengebunden und die Flüsse hinab bis nach Mannheim und noch weiter geflößt. „Für jedes Städtchen war im Frühjahr das Erscheinen des ersten Floßes noch wichtiger und merkwürdiger als das der ersten Schwalben"[24], beschreibt Hesse und läßt durchblicken, mit welcher Sehnsucht die Abenteuerlustigen des Städtchens auf die Ankunft der ersten Flöße gewartet haben.

Wie aufregend sich solch eine Fahrt mit den Flößen die Nagold hinab gestaltete und auch welche Folgen eine Mitfahrt für die abenteuernde Calwer Jugend haben konnte, zeigt eine Erinnerung von Georg Naschold, dem Sohn eines Calwer Gerbers, der mit Hesses Bruder Hans befreundet war:

„Es war an einem schönen Herbstsonntag des Jahres 1889 (...), als nach dem Gottesdienst Hermann noch geschwind sein Angelzeug faßte, um bis zum Mittagessen seiner Leidenschaft, dem Fischen[25,] zu huldigen. Er ging da meist durch unsere Gerberei hindurch, um in der dahinterliegenden Nagold zu fischen. Damals hatte jeder Wasseranlieger das Recht zu fischen, und hinter unserem Haus hatten wir dazu eine günstige Stelle, den ,Gumpen'. Mein Vater, der ebenfalls ein leidenschaftlicher Fischer war, hatte nichts

28

dagegen, wenn Hesses Hermann angelte, obwohl diesem das Glück stets hold war. Ich suchte ihm dazu fette Würmer an seine Angel, denn das waren immer die besten Köder, an die die Fische gingen, und an die Nachtangel Schnecken (. . .) Als an besagtem Sonntag nun Hermann zum Essen heimging und unseren Hof verließ, kam ein Trupp ,Flötzer' den ,Bischof' herunter, um beim Bäcker Störr Mittag zu machen. Hermann fragte sie, ob heute noch ein ,Flotz' käme, und sie sagten: ,Gleich heute mittag.' ,Das wird fein', meinte Hermanns Bruder Hans, welcher eben seinen Bruder zum Essen holte, ,da fahren wir mit.' Ich schloß mich natürlich auch an, nur durften unsere Eltern nichts davon wissen, denn das ,Flotzfahren' war mit gewissen Gefahren verbunden, gingen Hans und ich doch das erste Jahr zur Schule und waren des Schwimmens noch unkundig, wogegen der um einige Jahre ältere Hermann diese Kunst schon beherrschte. Also gingen wir und noch mehrere Nachbarskinder gleich nach Tisch auf die ,Waage', wo das Floß lag, und nahmen dort auf dem ersten Bretterstapel Platz (. . .) Nun kamen die Flößer und nahmen ihre Plätze auf dem Floß ein; bei uns war eine Hünengestalt, groß und derb, mit Handgelenken, wie kein Ochse Fesseln hat. Wenn sich das Ufer nicht verändert hätte, so hätten wir gar nicht wahrgenommen, daß sich das Floß schon in Fahrt befand, so sachte glitt es dahin (. . .) Jetzt ging es unterm Weinsteg am Steinhaus vorbei, in welchem Hermanns Onkel Friedrich und verschiedene Tanten und Basen an den Fenstern standen und mit warnenden Fingern uns zuwinkten; Hermann jedoch ignorierte dies mit der gleichgültigsten Miene (. . .) Oberhalb des Gutleuthauses nahm ich eine Gestalt wahr, welche dem Floß nachlief, wie immer den Hut in der Hand, im tabakfarbenen, enganliegenden Gewand und mit dem ewigen grauen Schirm: Papa Hesse. Unterhalb des Gutleuthauses kam Vater Hesse über die Wiesen gerannt und lief dem Ufer entgegen neben dem langen dahingleitenden Floß her, wie eine Gluckhenne, deren ausgebrütete Entlein ins Wasser gegangen sind. Er rief Hermann zu: ,Wie kannst Du die Kinder mitnehmen, gib mir auf den Hansel acht.' Er rief auch dem Flößer zu, welcher keine Notiz von ihm nahm. In Hirsau sahen wir dann Vater Hesse über die Ölbrücke eilen, und oberhalb Ernstmühl erreichte er uns wieder, als das Floß ganz langsam und nahe am Ufer fuhr. Nun bat er flehentlich den Flößer, die Kinder herauszugeben. Dieser packte uns Kleine und warf uns auf die Wiese hinaus wie einen Spielball; die größeren sprangen selber hinüber. Nun ließ Vater Hesse es an Ermahnungen nicht fehlen; schimpfen konnte man es nicht nennen, denn das konnte er nicht, er war kein Schwabe. Unter seiner Obhut traten wir dann den Heimweg über Hirsau auf der Waldseite an der Villa Dörtenbach vorbei über die Leinenbrücke an. Am Friedhofende stand mein Vater, den ich gleich an seinem Strohhut erkannte. Ohne sich aufzuregen, vermöbelte er mich gewaltig, auch Eugen kam nicht zu kurz: ‚Euch will ich Flotzfahren!' Papa Hesse fiel meinem Vater in die Arme und bat ihn, er möge nachlassen, denn das sei der Übeltäter, wobei er seinen Hermann vorschob, welcher meinen Vater nicht eben einladend ansah. Jetzt kam auch Eugens Vater, welcher sich ebenfalls anschickte, seinen Sprößling durchzuwalken, aber der meinige sagte zu ihm: ‚Hör auf, ich hab ihm schon gegeben.' "[26]

Die Erinnerungen an seine Erlebnisse mit den Flößern, an das Angeln in der Nagold oder das Baden in dem Fluß sind Erinnerungen von der Art, wie sie sich der Dichter zeitlebens bewahrt: Die Kinderheimat erscheint als gut gehüteter Schatz seiner Erinnerung. In fast jedem seiner Bücher sind Anklänge an diese Heimat zu finden, am eindrücklichsten im Roman „Unterm Rad" und in den Erzählbänden „Knulp" und „Gerbersau".

Daß es sich bei alledem aber nicht nur um Reminiszenzen an eine sorgenlose und wohlbehütete Jugend handelt, sondern die Erlebnisse manchmal auch hart an der Grenze zu schadenstiftenden Jugendstreichen lagen, zeigt eine weitere kleine Begebenheit: Zusammen mit einem siebzehnjährigen Feriengast wird der dreizehnjährige Hesse am 12. September 1890 wegen Waldbrandstiftung festgenommen und im Rathaus arretiert. Vater Hesse wird hinzugerufen und hat die Verantwortung zu übernehmen: Für den „sträflichen Leichtsinn, im Walde begangen" muß er einen Strafzettel für Sohn Hermann in Höhe von drei und für den Feriengast, den Haupttäter, in Höhe von zehn Mark bezahlen. Erst dann werden die Delinquenten wieder auf freien Fuß gesetzt. Es geht nur knapp an einer Klage wegen Brandstiftung vor dem Oberamt vorbei.[27]

Hesse möchte sich „sein Calw" so bewahren, wie er es zu Kinderzeiten selbst erlebt hat: „Wo wir Kinder gewesen sind und die ersten Bilder von Welt und Leben empfangen haben, wo wir sehen, sprechen und denken gelernt haben, das ist unsre Heimat, und ich habe die meine stets in Dankbarkeit geliebt", gibt er seiner bis ins hohe Alter wachgehaltenen, dankbaren Erinnerung an seine Heimatstadt im Dankbrief für die Wahl zum Ehrenbürger Calws Ausdruck. Im Jahre 1950 bekennt der Dreiundsiebzigjährige fast noch eindringlicher: „(. . .) so hat doch in den letzten Jahren die Senilität in meinem Gedächtnis und meiner Phantasie die früheste Jugend und einstige Heimat immer einseitiger und intensiver beleuchtet, und wie alle alten Leute bilde ich mir ein, das sei keineswegs nur eine Altersschwäche, sondern wir hätten tatsächlich damals etwas besessen, was heute niemand mehr besitzt und kennt."[28] Eine Aussage Hesses aus dem Jahre 1954 ist demnach nur Folge dieser bewahrenden Erinnerung und bedeutet nicht die Abkehr von dem Ort seiner Kindheit: „Ich werde und möchte es nicht wiedersehen, aber die paar Kinderjahre dort bedeuten mir immer noch so etwas wie Heimat."[29]

Doch weiter: Es treibt mich tiefer hinein in des Dichters Calw, in das Herz des Städtchens, das, schaut man an den restaurierten Fachwerk-Fassaden hinauf, scheinbar einen Rest mittelalterlicher Luft atmet, wo geschäftig Passanten durch die weitgehend zur Fußgängerzone erklärte Innenstadt eilen. Direkt an die Nikolausbrücke schließt sich der Hermann-Hesse-Platz an, in dessen Zentrum ein Hesse-Brunnen mit dem Bronze-Konterfei des Dichters postiert ist.

Hermann-Hesse-Platz mit Hesse-Brunnen (Aufnahme von 1992)

Calwer Marktplatz mit Marktbrunnen (hist. Foto)

Bereits im Jahre 1920 hat der Calwer Gemeinderat beschlossen, den Brunnen nach dem großen Sohn der Stadt zu benennen. Auch eine stillgelegte Gerberei finde ich noch, in der Badstraße, zu der die Badgasse aus der Zeit Hesses zwischenzeitlich umbenannt wurde: „Jenseits der Brücke begegnete mir der erste Bekannte, ein Schulkamerad von mir, der Gerber geworden war. Er trug eine leuchtend orangegelbe Schürze und sah mich ungewiß und suchend an, ohne mich recht zu erkennen (. . .) Am Fenster seiner Werkstatt begrüßte ich den Kupferschmied mit seinem prachtvollen weißen Bart und schaute dann gleich zum Drechsler hinein, der seine Radsaite schnurren ließ und mir eine Prise anbot. Dann kam der Marktplatz mit seinem großen Brunnen und der heimeligen Rathaushalle. Dort war der Laden des Buchhändlers, und obwohl der alte Herr mich vor Jahren in übeln Ruf gebracht, weil ich Heines Werke bei ihm bestellt hatte, ging ich doch hinein und kaufte einen Bleistift und eine Ansichtspostkarte."[30]

Als Postkarten- und Erinnerungsmotiv und Kulisse für Urlaubsfotos gerne benutzt wird dieses Idyll des sorgfältig mit Kopfsteinen bepflasterten und von Fachwerk-Fassaden umgebenen Marktplatzes auch heute noch. Die beiden Marktbrunnen sind sauber mit

32

*Calwer Rathaus (links), gegenüber liegt am Marktplatz das
Geburtshaus Hesses (Aufnahme von 1992)*

Blumendekorationen versehen, und heimelig werden in kleinen,
zwischen den Begrünungskübeln ausgesparten Nischen Sitzbänke
versteckt.

Nur das Rathaus hebt sich hervor aus der Fachwerk-Häuserfront.
Wie zu des Dichters Zeiten in Calw läßt die weiträumige Halle unter
dem mächtigen Gebäude einen Blick zum „Salzkasten" hinter dem
Rathaus zu. Die Halle freilich wird heute als Parkplatz genutzt, viel
„Heimeliges" an den sauber aufgereiht parkenden Dienstkarossen
der Stadtverwaltung kann man nicht mehr finden. Auch tut man
sich schwer, noch Handwerker in den alten Häusern um den Marktplatz zu finden; selbst in den engen und schief verbauten Neben-
gassen betritt man eher einen Dritte-Welt- oder Naturkostladen, als

daß man noch auf einen Drechsler oder Gerber stößt. Und dort, wo einst die Buchhandlung einquartiert war, wo jener Buchhändler wirkte, der Hesse wegen der bestellten Heine-Werke verleumdete, residiert heute eine Bank – wie in vier oder fünf weiteren Häusern um den Platz Banken, Versicherungen und Steuerberatungen ihre Büros unterhalten.

„Von hier aus war es nimmer weit bis zu den Schulhäusern", notiert Hesse, „ich sah mir im Vorübergehen die alten Kästen an, witterte an den Toren den bekannten ängstlichen Schulduft und entrann aufatmend zur Kirche und dem Pfarrhaus."[31]

Er hat zwar in Basel den Beginn seiner Schulzeit erlebt – die Familie Hesse war von 1881 bis 1886 nach Basel übersiedelt, wo Vater Johannes Hesse einen Lehrauftrag an der Missionsschule angenommen hatte, kommt aber als Neunjähriger nach Calw zurück und tritt Mitte des Jahres 1886 in das Calwer Real-Lyceum ein, wo er bis zum Februar 1890 bleibt. Bei dem Oberpräzeptor Wilhelm Schmidt erhält Hesse Unterricht in Griechisch, denn er ist von seinen Eltern für die theologische Laufbahn bestimmt und soll in dem „württembergischen Landexamen" die Befähigung für die Aufnahme in ein theologisches Seminar erlangen, das dann ein Theologiestudium in Tübingen ermöglicht.

Mit welchen Ressentiments Hesse an seine Calwer Schulzeit zurückdenkt, wird nicht nur in den literarischen Werken, wie etwa im Roman „Unterm Rad", deutlich, sondern auch in seinen Briefen, beispielsweise an Halbbruder Karl Isenberg vom 25. November 1904: „An mir hat die Schule viel kaputtgemacht, und ich kenne wenig bedeutendere Persönlichkeiten, denen es nicht ähnlich ging. Gelernt habe ich nur Latein und Lügen, denn ungelogen kam man in Calw und im Gymnasium nicht durch – wie unser Hans beweist."[32]

Mit Hans meint Hesse seinen jüngeren Bruder Hans Hesse, Vorbild des Hans Giebenrath in „Unterm Rad". In diesem Roman literarisiert Hesse eben diese Erinnerung an die eigene Schulzeit in Calw und später am Seminar in Maulbronn: „Der ist auch, seit sie ihm in der Schule das Rückgrat gebrochen haben, immer unterm Rad geblieben", ergänzt er in dem zitierten Brief in bezug auf seinen Bruder Hans.

Das Gebäude, in dem sich zu Hesses Schulzeit das Rektorat des Real-Lyceums befand, erstrahlt heute in neuem Glanz: Aufwendig

„Alte Lateinschule", ehemaliges Calwer Real-Lyceum, heute Volkshochschule (Aufnahme von 1992)

renoviert, das Fachwerk freigelegt und herausgeputzt und im Inneren mit großzügigen Balkenkonstrukten versehen. Zum Teil wurden die jahrhundertealten Trägerbalken und ein Teil der Stadtmauer um die Innenstadt mit in den Bau einbezogen. Heute beherbergt das Gebäude die Volkshochschule der Stadt, eine im Aufwind der Bildungsbeflissenheit befindliche Einrichtung der Erwachsenenbildung. Eine Reihe Schautafeln im oberen Stock des Hauses erinnern an den prominenten Schulbesucher vor hundert Jahren und seine Lehrer: Dr. Paul Weizsäcker[33], den Hesse mit dem Satz, der Schüler Hesse „sei nicht wert, daß ihn die Sonne anscheine"[34] zitiert, oder Oberpräzeptor Wilhelm Schmidt und Klassenlehrer Karl Dölker.

In steter Regelmäßigkeit bietet die Volkshochschule heute im Gebäude der „Alten Lateinschule" – diesen Namen hat sie sich bewahrt – Kurse und Vorträge über Hesse und sein Leben in Calw, Werkanalysen und Lesungen aus seinen Texten an. Die Mutter von Hermann Hesse, die selbst in Indien mit der englischen Sprache großgeworden war, unterrichtete als erste weibliche Lehrkraft einer württembergischen Realschule von 1871 bis 1872 in der Oberklasse des Calwer Real-Lyceums Englisch.

Welch rauhe Sitten namentlich in den unteren Klassen des Real-Lyceums herrschten, zeigt ein Text des Hesse-Schulkameraden Otto Mörike[35]. „Wir hatten eine Schneeballschlacht gemacht und kamen mit eiskalten, aufgeschwollenen Händen in unsere Schulstube. Einige Nachzügler wurden geschnappt und wegen Zuspätkommens exemplarisch gezüchtigt. Mit sadistischer Wollust zog der Schultyrann den Delinquenten vier saftige Streiche über die Finger. Es sah aus, als wolle er ihnen die Hände abhacken. Herzzerreißende, fast tierische Laute begleiteten das Schlachtfest, nur einer schwieg, Hesse. Er steckte die ‚Tatzen‘ ein wie eine Handvoll Marmeln, allerdings mit verbissener Wut, offensichtlicher Verachtung und einer nicht mißzuverstehenden Gebärde. Mir wurde schon vom Zusehen ganz elend zumute, als hätte ich selbst die Strafe empfangen (. . .) Von diesem stummen Märtyrer, von diesem stolzen Burschen fühlte ich mich magnetisch angezogen.“

Detaillierte Eindrücke über die Schulzeit des Dichters, wie er sie in Calw erlebte, vermittelt sein zweiter Roman „Unterm Rad“, den er in den Jahren 1902 und 1903 hauptsächlich in Calw schreibt und der 1905/1906[36] veröffentlicht wird. Bereits vorher wurde der Roman als Fortsetzungs-Vorabdruck in der „Neuen Zürcher Zeitung“ veröffentlicht. Er zieht vehemente Folgen in der öffentlichen Diskussion nach sich: Der Text und sein Verfasser werden konfrontiert mit der damals völlig der Intention des Romans konträren Auffassung von der Funktion der Schule in der Erziehung.

Man darf nun aber nicht glauben, daß Hesse ein ausgesprochen unfolgsamer oder ungezogener oder gar schlechter Schüler gewesen sei. Im Gegenteil: Gute Durchschnittszeugnisse erreicht er während der Schulzeit im Real-Lyceum.[37] Bei Fleiß und Aufmerksamkeit tendieren die Noten zwischen „gut“ und „genügend“, in Deutsch und Latein erhält er während seiner Calwer Schulzeit in der Lateinschule nur einmal die Note „gut“, ansonsten „befriedigend“ und „genügend“, in Religion dagegen erreicht der Missionarssohn dreimal die Note „gut“. Aber auch in Turnen wird ihm dreimal die Note „gut“ zuerkannt, so lange, bis er krankheitsbedingt nicht mehr mitturnen darf.

Doch bereits während jener Schulzeit macht sich beim jungen Hesse eine Unzufriedenheit mit den gegebenen Verhältnissen bemerkbar. Sicher nur oberflächlich besehen liegen die Gründe darin, daß er nach dem Umzug der Familie im Jahre 1889 aus dem weiträumigen

Calwer evangelische Stadtkirche mit Häusern an der Altburger Straße
(Aufnahme von 1992)

Haus des „Calwer Verlagsvereins" in das Haus in der Ledergasse nicht mehr über sein eigenes Zimmer verfügt und die Lieblingsschwester Adele das elterliche Haus verläßt, tiefere Gründe dürften seine Abneigung gegen alles Autoritäre und Gleichmachende schon zu jener Zeit sein. Schließlich folgen die Eltern dem Wunsch Hermanns, ihn nach Göppingen zu bringen, wo er die weitere Vorbereitung auf das Landexamen durchlaufen soll.
Von der „Alten Lateinschule" sind es nur ein paar Schritte hinüber zur Calwer Stadtkirche am oberen Marktplatz. Dort endet heute die Fußgängerzone der Innenstadt und geht in eine wenig befahrene Straße über, die den Schloßberg hinauf zur Calwer „Vorstadt" führt. Zu früheren Zeiten war dies eine der vielbefahrensten Gassen durch

das Herz des Städtchens, durch die Fuhrwerke und Kutschen den steilen Weg an der Stadtkirche vorbei hinauf in Richtung der Walddörfer krochen.

Die Calwer Stadtkirche, bereits im 13. Jahrhundert urkundlich erwähnt, wurde nach Zerstörungen um 1700 auf den Trümmern der alten Kirche wieder aufgebaut, 1886 nach verschiedenen Umbauten teilweise abgebrochen und zwei Jahre später mit spitzem Turm fertiggestellt. Auch sie findet Eingang in zahlreiche literarische Werke von Hermann Hesse, so in „Eine Fußreise im Herbst", „Die Verlobung" oder „Kinderseele".

Intensive persönliche Erinnerungen verbindet Hesse mit dieser Kirche: „An Ostern hörte ich am Radio auch dieses Jahr wieder die Matthäus-Passion", schreibt er, und weiter: „Diese sakrale Feier erlebe ich jedes Mal etwas anders, denn bis in meine Knabenjahre zurück, wo ich das von der Mutter mitgegebene Stückchen Schokolade längst vor dem Ende des ersten Teiles schon aufgegessen hatte und die vielen Wiederholungen in den Arien und Chören, zumal im Schlußchor, nur mit Ungeduld ertrug, da ich so langem, passivem Stillsitzen noch nicht gewachsen war, hat dies Erlebnis so viele Vorgänger, daß die Erinnerungen in ganzen Schwärmen kommen und einander überschneiden. Doch sind die frühen unter ihnen stets die stärksten: jene technisch unvollkommenen, von Ausführenden und Hörern aber tief erlebten Passionen in der Calwer Kirche unter der Leitung meines Onkels Friedrich, der die schönen dunklen Augen meiner Mutter hatte und in dessen Kirchenchor meine Schwestern und Basen mitsangen. Am genauesten hat mein Musikgedächtnis eine Aufführung bewahrt, bei der meine beiden älteren Stiefbrüder die Rollen des Evangelisten und des Christus sangen und bei der ich schon die Beklommenheit und Kinderungeduld jener frühesten Aufführung überwunden hatte. Es mochte bei den ungezählten späteren Passionen, die ich hörte, den Christus und den Evangelisten wer immer singen, gewisse Stellen hörte ich doch jedesmal mit den Stimmen und dem Ausdruck meiner Brüder wieder."[38]

Auch diese Kirche, die über dem oberen Marktplatz des Städtchens thront, wird in der Erinnerung für Hesse zum Symbol seiner Heimatstadt, zum Symbol für Heimat schlechthin.

Nochmals ein paar Schritte zurück und den steilen Weg bergan, entlang der Stadtkirche und an der „Alten Lateinsehule" vorbei hinauf zu dem „Langen", dem ehemaligen Diebs- und Wächter-Turm der Stadt, dem letzten noch stehenden der ehemaligen Wachtürme an der Stadtmauer. Der Turm, heute zur Besichtigung freigegeben, lädt ein zu einem kurzen Rundgang: in den unteren Geschossen sind die einstmaligen Gefängnisse zu finden, und gerne verweile ich dann für einige Augenblicke in den oberen zwei Räumen, die früher dem Hochwächter als Wohnung gedient haben und heute als zwei schlichte Wohnstuben restauriert sind. Weit sieht man von hier über die Stadt in die Schwarzwaldtäler hinab, die sich in die dunklen Waldberge schneiden.

Hesse ist bei seinem letzten Aufenthalt in Calw im Jahre 1931 auch an diesem Turm vorbeigekommen – er zeigt seinem Sohn Bruno auch den „Langen". Bruno Hesse berichtet im Juni 1988: „Erst im Jahr 1931 reisten wir zusammen nach Unterreichenbach bei Calw, wo wir bei Vaters Schwester Adele zur silbernen Hochzeit eingeladen waren. Adele war in Unterreichenbach mit einem Pfarrer verheiratet (...) Wir sind miteinander gereist und auch durch

Hermann Hesse bei der Silbernen Hochzeit seiner Schwester Adele im April 1931 in Unterreichenbach. Von links: Hermann Hesse, Lene Gundert, Frieda Hesse, Adele Gundert, Hans Hesse, Liesel Gundert, Hermann Gundert, Elisabeth Isenberg, Bruno Hesse, Marulla Hesse

Der „Lange", ehemaliger Diebs- und Wächterturm in Calw (hist. Foto)

Vaters Heimatstadt Calw gekommen, wo wir im Gasthaus Wald-horn einkehrten, dessen damaliger Wirt ein Schulkamerad von Vater war. Es muß auch zu jener Zeit gewesen sein, als Vater die-sen Schulkamerad bat, er solle ihm ‚die Calwer vom Leib halten‘ (. . .) Vater war damals von der Fahrt müde und erschöpft, er woll-te nicht mehr eine große Ansammlung von Schulkameraden und Verwandten empfangen müssen (. . .) Vater hat mir damals Calw ge-zeigt, das ich vorher nicht kannte. Wir sind zusammen in dem Städt-chen herumspaziert, waren auch in der Werkstatt von Vaters ehe-maligem Lehrmeister Perrot. Von dem Rundgang war ich aber eher etwas enttäuscht, denn Vater sagte immer nur: ‚Da ist der Knulp gewesen‘ und ‚dort der Knulp gewesen‘, er hat mir den ‚Langen‘, den Turm gezeigt und gesagt: ‚In dem Stübchen dort oben hat der Schneidermeister gewohnt‘, und so weiter."[39]

Sohn Bruno vermittelt den Eindruck, der Vater habe die Stadt nicht mit eigenen Augen gesehen, sondern die Geschichte des

Veranda und Garten des Gebäudes des Calwer Verlagsvereins, in dem auch die Familie Hesse wohnte (hist. Foto)

Knulp habe sich vor das Lebendigwerden der eigenen Erinnerungen geschoben: die Heimatstadt so, wie er sie sich selbst aus seiner Kindheit herüberbewahrt und wie er sie im „Knulp" festgemacht hat: „Ich habe ihn noch gefragt, wieso er denn nichts aus seiner eigenen Jugend in Calw erzähle", berichtet Bruno Hesse weiter, „worauf er mir antwortete, die Geschichte des Knulp sei ihm viel lebendiger als seine eigene Jugend (...)"

Hermann Hesse erkennt selbst, jene Heimat seiner Kindheit nicht mehr zu haben: „Das alte Haus, der Garten und die Veranda, die wohlbekannten Stuben, Möbel und Bilder, der Papagei in seinem großen Käfig, die liebe alte Stadt und das ganze Tal ist mir fremd geworden und gehört nicht mehr mir."[40]

Ich mache mich wieder auf den Weg. Ein kurzer Blick hinüber zum Georgenäum, dem stattlichen und herrschaftlichen Buntsandsteingebäude am unteren Ende des Calwer Stadtgartens, das von Generalkonsul Emil Georgii von Georgenau und seiner Frau Sophie gestiftet und 1871 der Stadt übergeben wurde. Zweck der Stiftung ist die Förderung der allgemeinen Bildung, und so verwundert es nicht, daß zu Hesses Zeiten eine öffentliche Bibliothek in dem Haus untergebracht war. Auch Hesse hat dieses Bildungs-

„Georgenäum" (Aufnahme von 1992)

angebot genutzt und Bücher aus der Bibliothek geliehen und gelesen. Selbst als er längst nicht mehr in Calw wohnt und bereits
eigene Bücher veröffentlicht, vergißt er nicht, was er dem damals
sicher noch recht bescheidenen Lese-Angebot der Bücherei zu ver-
danken hat. Er schreibt im Jahre 1906: „Wieder habe ich einiges
Überflüssige, sowie Doubletten abzugeben, die ich lieber einer
Bibliothek als dem Antiquar sende. Da ich als Knabe und Jüngling
recht oft dem kleinen belletristischen Bücherschrank des Georgenäums schöne und wertvolle Stunden verdankt habe, hoffe ich,
meine kleinen Beiträge mögen auch wieder je und je jungen Leuten zu gute kommen."[41]
Bis in unsere Tage befindet sich die öffentliche Stadtbibliothek
in den Räumen des Georgenäums, und tausende Bände stillen die
Lesegier zumeist junger Menschen. Hermann Hesse, dem Dich-
tersohn der Stadt, ist gleich eine ganze Regalwand gewidmet, und
die Bibliothek gibt eigens eine kleine Schrift heraus, welche die dort
erhältlichen Hesse-Werke und -Materialien, mit einer Kurzbe-
schreibung versehen, auflistet. Für die Zukunft ist aber geplant, die
Bibliothek in ein größeres Gebäude zu verlegen.
Von hier aus sieht man auch auf dem Schießberg gegenüber der

städtischen Aula das Hermann-Hesse-Gymnasium thronen. Mit der Namensvergabe an diese den höchsten allgemeinen Bildungsab-schluß vermittelnde Schule am Ort setzte der Gemeinderat in den sechziger Jahren einer über Jahre sich hinziehenden Debatte ein Ende und ehrte den Dichter – der in Kriegszeiten wegen seiner ein-deutig distanzierten Haltung zum deutschnationalen Größenwahn in seiner Heimatstadt nicht ausschließlich Anerkennung genoß – und sein weltweite Ausstrahlung genießendes Schaffen.

Bereits im Februar 1955 hatte Hermann Hesse einer Calwer Schul-klasse des damals noch namenlosen Gymnasiums gegenüber zuge-stimmt, daß die Schule mit seinem Namen versehen wird: „Bun-despräsident Heuss und der Dichter Rudolf A. Schröder waren es, die mich für den Pour Le Mérite vorgeschlagen haben, und da ich zu beiden freundschaftliche Beziehungen habe, habe ich die mir zu-gedachte Ehrung angenommen. Und jetzt wollet ihr mir noch ein neues Krönchen aufsetzen und eurer Schule, die vor 70 Jahren Real-lyceum hieß, meinen Namen geben. Ich möchte, wenn Stadtväter und Schulleitung eurem Vorschlag zustimmen, euch nicht enttäu-schen, obwohl es mir ein wenig unheimlich wird, wenn ich denke, daß schon eine Berliner Schule sowie ein neugepflanzter Wald im Land Israel meinen Namen trägt", schrieb Hesse der Schulklasse, als diese ihr Ansinnen an den Dichter herantrug, das Gymnasium mit dem Namenszusatz des großen Sohnes der Stadt zu versehen. Das Unterfangen der Schulklasse mit ihrem Lehrer, dem Calwer Gymnasialprofessor Dr. Adolf Geprägs, nahm jedoch ein klägliches Ende, wie einem Bericht der Calwer Tageszeitung „Kreisnachrich-ten" vom 24. 3. 1990 zur Eröffnung des neu gestalteten Hermann-Hesse-Museums zu entnehmen ist: „Die Lehrerschaft des Gymna-siums und die Stadtväter von Calw waren jedoch alles andere als begeistert von diesem Vorschlag. Im Gemeinderat wurde in nichtöf-fentlicher Sitzung beraten und schließlich das heiße Eisen an die Lehrerkonferenz zurückverwiesen. Die dort geführte Debatte soll, wie sich heute der längst pensionierte Deutschlehrer erinnert, in folgendem Ausspruch eines Kollegen gegipfelt haben: ‚Ich würde mich vor meiner Frau schämen, wenn von dem ein Buch in mei-nem Regal stehen würde.' „Diese „fundierte" Literaturkritik über-zeugte. Bei der folgenden Abstimmung zählte das Häuflein der Be-fürworter für die Namensgebung gerade noch drei Stimmen. Zehn Jahre später, der Dichter war schon fünf Jahre unter der Erde, besannen sich die Calwer dann anders und tauften ihr Gymnasium auf den Namen Hermann Hesse.

Daß diese „Provinzposse", wie der Vorgang von der Presse bezeichnet wurde, auch in überregionalen Medien Beachtung fand, versteht sich fast von selbst. So schrieben die „Stuttgarter Nachrichten" auf einer Sonderseite zu des Dichters 80. Geburtstag folgendes: „Die Bürger von Calw der ‚schönsten Stadt von allen, die ich kenne', laut Liebeserklärung ihres größten Sohnes, haben an eben diesem keine ungeteilte Freude. Zumindest empfinden einige ihrer leitenden Stadtväter so. Gewiß, die Vaterstadt des gefeiertsten deutschen Dichters zu sein, hebt die Reputation (wenn auch leider kaum den Fremdenverkehr), man hat ja auch dem großen Landsmann seine schuldige Referenz erwiesen: Es gibt einen – allerdings nicht gerade sehr repräsentativen – Hesse-Platz, einen Hesse-Brunnen, eine Gedenktafel am Geburtshaus, und natürlich ist er schon längst Ehrenbürger, wie sich's gehört. Wenn nur der Geehrte seine Sohnespflichten ebenso eifrig erfüllt hätte! Aber, und das verschnupft so manche würdige Herren, Hermann Hesse hat keinen Funken von Lokalpatriotismus in der Dichterbrust. Als jungen Mann schon zog es ihn in die Fremde, seine Geburtsstadt hat er zwar liebevoll besungen, aber seit vielen Jahren nicht mehr betreten, und wer in Montagnola wohnt, kann natürlich auch nicht die Vereinskassen von Calw mit Mitgliedsbeiträgen bereichern. Hätte er nicht wenigstens ein gemütvolles Heimatfestspiel schreiben können? Aber nein, der verlorene Sohn begnügte sich ja mit dem Nobel- und dem Goethe-Preis! Kurzum, auch angesichts des nahenden Jubiläums herrschte in Calw durchaus nicht ungemischte Begeisterung, als den Stadtvätern der Vorschlag gemacht wurde, ein Gymnasium nach Hermann Hesse zu benennen. Sicher kein schlechter und kein beziehungsloser Name. Indessen machten einige zuständige Herren ein sehr sehr bedenkliches Gesicht. Man kann innig nachfühlen, wie sie sich den Kopf zergrübelten, um ihre Ablehnung in offiziell stichhaltige Gründe zu kleiden – finden Sie mal einen Grund, den Namen ‚Hermann-Hesse-Gymnasium' als für Calw unpassend abzuwimmeln! In dieser unangenehmen Situation erwies sich der Dichter selber als unbewußter, aber deshalb nicht minder willkommener Retter. Er stiftete nämlich aus seinen Tantiemen der Stadt Calw 4000 Mark zur Unterstützung unbemittelter Schüler, und diesen schönen Beweis seiner Verbundenheit mit der

Heimatstadt kündigte er in einem Brief an, der ganz Hesse ist: Er werde zu seinem Geburtstag gewiß einer Überschwemmung von Ehrungen ausgesetzt sein und wünsche keine Geschenke, sondern nur einen Glückwunsch. ‚Ich bin recht müde‘, schrieb er, ‚und bin Ihnen dankbar, wenn Sie ihren Beitrag zu meinem 80. Geburtstag in bescheidenen Grenzen halten.‘ Na also! Man hört geradezu die Steine plumpsen, die einigen Herren bei der Lektüre dieses Briefes vom Herzen fielen. Jetzt brauchte man sich um das Hermann-Hesse-Gymnasium keine grauen Haare mehr wachsen zu lassen – der Antrag fiel durch, statt dessen wurde des Dichters Stiftung auf 10000 Mark zur ‚Hermann-Hesse-Schulstiftung‘ aufgestockt (hier war ja nun der Name wirklich nicht mehr zu umgehen), der Spender bekam ein schönes Bild seiner dankbaren Heimatstadt nebst einem Glückwunschschreiben, und so ist offiziell alles in Butter, wenn am 2. Juli die Festreden auch in Calw den Achtzigjährigen feiern werden. Es ist schon ein Kreuz mit Hesse-Feiern. Vor fünf Jahren, als der Dichter 75 wurde, hatte der amtierende Stuttgarter Kultminister (so hieß der Titel damals noch) eine staatliche Hesse-Feier abgelehnt, und in der Begründung fielen böse Worte: ‚antinatio-

Metzgergasse in Calw, von Hesse als „grader Steig" literarisiert (hist. Foto)

nale Haltung', ‚zersetzend' (. . . das Wort kommt einem so bekannt vor). Wie gesagt: Statt Nobelpreis-Bücher hätte er Heimatfestspiele schreiben sollen. Das kommt davon, wenn man Humanist und Weltbürger und weder Vereinsmitglied noch Lokalpatriot ist."

Hier auch, unmittelbar gegenüber dem Georgenäum, mündet steil abfallend die Metzgergasse ein – eine Gasse, die Hesse vielfältig in seinem Werk beschreibt: „In dieser Gasse sind die unteren Häuser recht stattlich mit polierten Türen und schönen Riegelwänden, so geht es bis zur Steigschmiede, die beherrscht mit ihrem hellen Amboßgeläut die ganze Gasse, und vor der Werkstatt ist auf zwei Pfeilern ein Vordach errichtet, daß auch bei Regen und Schnee die Rosse, wenn sie zum Beschlagen kommen, im Trocknen stehen mögen. Dann aber wird die breite Gasse plötzlich schmal und sehr steil, und es stehen hier oben nur noch kleine und ärmliche Häuser."[42]

Weiter vom Georgenäum hinunter zum Marktplatz, zum Geburtshaus des Dichters. Dem Rathaus schräg gegenüber – nach mehreren Zerstörungen im 18. Jahrhundert wieder aufgebaut mit seiner großen Halle, die in früheren Jahren als Marktplatz diente und ebenfalls Eingang in Hesses literarische Werke findet, so in die Erzählungen „Eine Fußreise im Herbst" oder „Schön ist die Jugend" – erinnern am Geburtshaus zwei Gedenktafeln daran, daß hier der Dichter Hermann Hesse, der Literatur-Nobelpreisträger des Jahres 1946, geboren wurde.

Im Jahre 1952, zu Hesses 75. Geburtstag, wurde die eine Gedenktafel an dem Haus angebracht, nachdem als erstes sichtbares Bekenntnis der Stadt nach dem Zweiten Weltkrieg die Zuerkennung der Ehrenbürgerschaft bereits im Jahre 1947 erfolgt war.

Die Eltern Hesse wohnten seit der Heirat 1874 bis zum Weggang nach Basel 1881 in der Wohnung im zweiten Stock des Hauses am Marktplatz, wo Hermann Hesse am 2. Juli 1877 zur Welt kam. Heute wie damals wird im Erdgeschoß des Hauses in einer Textilhandlung den Geschäften nachgegangen, in den Obergeschossen befinden sich Wohnungen.

Das vor noch nicht all zu langer Zeit eingerichtete Hermann-Hesse-Museum liegt am oberen Ende des Marktplatzes, im Haus „Schüz". Ich gehe den bepflasterten und zur Fußgängerzone erklärten Marktplatz hinauf, vorbei an den zwei großen Marktbrunnen, die im 16. Jahrhundert errichtet wurden und die Wappentiere

*„Haus Schüz", hier befinden sich heute das Hermann-Hesse-Museum und die
Galerie der Stadt Calw (Aufnahme von 1992)*

der Stadt tragen, die Calwer Löwen, denen wiederum das württembergische Wappen und das Calwer Stadtwappen beigegeben ist.

Vor dem Schaufenster einer Buchhandlung bleibe ich stehen: Die
gesamte Auslage auf der einen Häuserseite ist gestaltet mit Hesse-
Werken. Ich betrete das Geschäft, blättere in einem Bildband, stoße
auf frühe Aufnahmen von Calw: die Fachwerkfassaden noch unter
Putz verborgen, Ende des letzten Jahrhunderts, zu Hesses Calwer
Zeit also, Pferdefuhrwerke und eine Postkutsche vor der Rathaushalle . . .

Ich gehe weiter zum oberen Ende des Marktplatzes, wo sich das
Hermann-Hesse-Museum befindet. Gleich nach einem Einkaufs-
markt- und Bürogebäude, das sich einigermaßen harmonisch in den
fast märchenhaften Charakter der Fachwerkhäuserfront einpaßt,
hinter der Stadtkirche dann, findet sich auch das Calwer Dekanat,
das seit 1698 als Sitz des evangelischen Stadtdekans dient. Dieses
Haus literarisiert Hesse als „Spezialat" im vierten Lebenslauf Josef
Knechts, dem zunächst unveröffentlichten Lebenslauf des Magister
Ludi in seinem Roman „Das Glasperlenspiel"[43].

Dem Dekanat schräg gegenüber steht das herrschaftliche „Schüzsche Haus", das im Jahre 1813 von dem Herzoglichen Hofbaudirektor Fischer erbaut wurde. Heute beherbergt das Gebäude, inzwischen in den Besitz der Stadt übergegangen, die Galerie der Stadt Calw – Werke von Malern wie Richard Ziegler, Rudolf Schlichter oder des Hesse-Freundes und -Illustrators Gunter Böhmer, die in Verbindung zu Calw stehen, werden dort ständig ausgestellt – und das Hermann-Hesse-Museum. Bereits 1964, runde zwei Jahre nach des Dichters Tod, war in der Bischofstraße eine Hermann-Hesse-Gedenkstätte eingerichtet worden, wo manche Zeugnisse aus dem Leben des Dichters, Briefe und von ihm gemalte Aquarelle, aber auch Gegenstände aus seinem täglichen Leben wie Brieföffner oder Schreibutensilien ausgestellt wurden. Durch den Ankauf weiterer Ausstellungsstücke aus der Lebens- und Arbeitswelt des Dichters wurden die räumlichen Möglichkeiten der Gedenkstätte bald zu beschränkt, um der interessierten Öffentlichkeit all die Buch-Erstausgaben, Briefe, Fotos und Erinnerungsstücke adäquat präsentieren zu können. In der Ausstellung des Calwer Hesse-Museums wird nun erstmals das Leben und Werk des Dichters in seiner ganzen Breite und in chronologischer Reihenfolge darzustellen versucht. Insbesondere die Kindheit und Jugend des Dichters in Calw nehmen einen Schwerpunkt in der Ausstellung ein, wie auch die Herkunft des Dichters aus einer Missionarsfamilie, die indes ihr Hauptbetätigungsfeld im publizistischen Schaffen fand.

Doch was wäre dieses Museum, so frage ich mich, als ich die ausgetretenen Holzstufen in die ehrwürdige Eingangshalle des Museums-Hauses wieder hinuntersteige, wenn es nicht einherginge mit dem großen Hesse-Museum, in dem man an jedem Winkel meint, sich in einer Textstelle des „Knulp", des Romans „Unterm Rad" oder irgend einer anderen Erzählung des Dichters Hermann Hesse wiederzufinden: dem Städtchen Calw.

Drei Häuser bewohnte die Familie Hesse in Calw. Zunächst, nach der Heirat der Eltern, das Haus am Marktplatz gegenüber dem Rathaus, wo Hermann Hesse zur Welt kommt. Nach der Rückkehr aus Basel im Jahr 1886 zieht die Familie zunächst in eine Wohnung im Gebäude des „Calwer Verlagsverein" in der Bischofstraße, doch bereits 1889 findet man eine den Wünschen besser entsprechende Wohnung in der Ledergasse. Als der Leiter des Verlagsvereins, Großvater Hermann Gundert, im Jahre 1893 verstirbt, kann die Fa-

Verlagsgebäude des „Calwer Verlagsvereins" in der Bischofstraße
(hist. Foto)

milie Hesse dann wieder in das Gebäude des Verlages umziehen –
jetzt in die Dienstwohnung des Verlagsleiters, denn Johannes Hesse
übernimmt die weitere verlegerische Verantwortung.

Die Zeit, die Hermann Hesse in diesem Haus verlebt, darf getrost
als diejenige gesehen werden, die seine Erinnerung an die Vaterstadt am stärksten prägt. Denn auch während die Familie noch im
Haus in der Ledergasse wohnt, verbringt der junge Hesse einen
Großteil seiner Zeit im Verlagsgebäude: Großvater und Vater sind
dort tätig, und wenn Gäste kommen, gehen diese im Verlagshaus
in der Bischofstraße ein und aus. Dort spielt sich das gesellschaftli-
che Leben der Familien Hesse und Gundert ab. Mit welcher Intensität Hermann Hesse dieses Haus in der Erinnerung behält, zeigt
sich in vielen seiner Texte[44]: „Unser Vaterhaus, das groß und hell
an einer hellen Straße lag, betrat man durch ein hohes Tor, und sogleich war man von Kühle, Dämmerung und steinern feuchter Luft
umfangen. Eine hohe, düstere Halle nahm einen schweigsam auf,

49

der Boden von roten Sandsteinfliesen führte leicht ansteigend gegen die Treppe, deren Beginn zuhinterst tief im Halbdunkel lag. Viele tausendmale bin ich durch dies hohe Tor eingegangen, und niemals hatte ich Acht auf Tor und Flur, Fliesen und Treppe: dennoch war es immer ein Übergang in eine andere Welt, in ‚unsere‘ Welt (. . .) etwas von Vater, etwas von Würde und Macht, etwas von Strafe und schlechtem Gewissen. Tausendmal ging man lachend hindurch. Manchmal aber trat man herein und war sogleich erdrückt und zerkleinert, hatte Angst, suchte rasch die befreiende Treppe.“

Eines prägt in dieser Umgebung mit Sicherheit ganz entscheidend die ersten bewußt erlebten Jahre des Hermann Hesse: die Welt der Dichtung, die auch das Leben im Verlagsgebäude beherrscht. Morgen- und Abendandachten nehmen breiten Raum ein, der tägliche Umgang mit der Dichtung geht aber weit darüber hinaus: Vater Johannes ist selbst schriftstellerisch tätig – als Verfasser zahlreicher geistlicher Bücher und Zeitschriftenartikel wie auch als Herausgeber von Missionszeitschriften –, Mutter Marie Hesse schreibt Gedichte. Auch „weltlicher Dichtung“ ist man im Eltern- und Großelternhaus Hesses nicht abgeneigt. In der reichhaltigen Bibliothek des Großvaters findet der junge Hesse sämtliche Bücher der schwäbischen Dichtergrößen von Ludwig Uhland bis Justinus Kerner, aber auch Klassiker wie Goethe, Schiller oder Eichendorff werden gelesen und diskutiert: „(. . .) und es war mein Glück, daß im Hause meines Vaters die gewaltige großväterliche Bibliothek stand, ein ganzer Saal voll alter Bücher, der unter anderem die ganze deutsche Dichtung und Philosophie des achtzehnten Jahrhunderts enthielt“, erinnert sich Hermann Hesse an des Großvaters Bibliothek.[45]

Er liebt in jungen Jahren[46] Lieder, bei denen „Text und Musik, Vers und Melodie“ als Einheit wirken, so das bekannte Volkslied „Kuckuck, Kuckuck, ruft's aus dem Wald“. Später beginnt Hesse aber die gelesenen den gesungenen Versen zu bevorzugen: Er entdeckt seine Liebe zu Friedrich Hölderlin, zu Clemens Brentano und Nikolaus Lenau.

Begleitend zu dieser schrittweisen Entdeckung der Dichtung mögen die Liebe der Mutter zur Poesie und insbesondere ihre eigenen Gedichte nachhaltig stimulierend auf den jungen Hesse wirken. So läßt der Dreizehnjährige in bezug auf die Gedichte seiner Mutter wissen: „Da sind eben meine erbärmlichen Verslein noch lange nichts dagegen.“[47]

Welch weltoffene Atmosphäre im Verlagsgebäude herrscht, ist zu erkennen an den Gästen, die hier verkehren, sei es daß sie persönlich anwesend sind oder daß der Großvater Hermann Gundert von ihnen berichtet. Gäste aus Indien, aus England, Holland und Schweden, aus der Schweiz, Dänemark oder den baltischen Ländern sind in dem Verlagshaus an der Bischofstraße anzutreffen. Der Großvater hat den großen schwäbischen Dichter und Politiker Ludwig Uhland[48] noch persönlich kennengelernt, er hörte Vorlesungen über das „Nibelungenlied" bei ihm und dürfte darüber natürlich auch seinem Enkel berichtet haben. Ludwig Uhlands Frau Emilie Vischer[49] wurde ebenfalls in Calw geboren. Und Ludwig Uhland war auch nach der Heirat noch oft in Calw anzutreffen: bei Besuchen der Verwandtschaft seiner Frau. Schließlich hat er mit einem seiner bekanntesten Gedichte einen Gegenstand aufgegriffen, der geographisch nicht weit von Calw entfernt liegt: „Die Ulme zu Hirsau". Dieses Gedicht, in dem Uhland die Ulme im Jagdschloß der Ruinen des Benediktinerklosters zu Hirsau besingt, das nur wenige Kilometer von Calw aus nagoldabwärts liegt, ist sicher auch ein Grund dafür, daß eben diese Ulme für Hermann Hesse „von Knabenzeiten her eine wichtige und ehrwürdige Erscheinung"[50] bleibt.

Nach allem, was man von der vielseitigen und hochgebildeten Persönlichkeit des Großvaters Gundert weiß, hat dieser sicher seinem Enkel Hermann Hesse in der ihm eigenen Lebendigkeit von seinen Zusammentreffen mit Lenau[51] oder von seiner Freundschaft mit den Dichtern Hermann Kurz[52] und Eduard Zeller[53] berichtet, mit denen zusammen er beispielsweise im Dezember 1834 bei dem Ehepaar Uhland zum Abendessen weilte. Wie sonst hätte Hesse bereits als Elfjähriger ein Gedicht „Lenau im Urwald" verfassen können als nach einem Bericht seines Großvaters, dem Lenau über seine enttäuschend verlaufene Amerikafahrt berichtet hatte?

Welch prägenden Einfluß die Erscheinung des Großvaters auf den jungen Hesse ausgeübt hat, beschreibt dieser selbst in „Kindheit des Zauberers": „Dieser Mann, der Vater meiner Mutter, stak in einem Wald von Geheimnissen, wie sein Gesicht in einem weißen Bartwalde stak; aus seinen Augen floß Welttrauer und floß heitere Weisheit, je nachdem, einsames Wissen und göttliche Schelmerei. Menschen aus vielen Ländern kannten, verehrten und besuchten ihn, sprachen mit ihm englisch, französisch, indisch, italienisch, malaiisch und reisten nach langen Gesprächen wieder spurlos hinweg,

Umschlaggestaltung von Hans Meid für die Erstausgabe der
Erzählungssammlung „Kleine Welt" (1933): auch hier Anklänge
an Hesses Heimatstadt Calw

vielleicht seine Freunde, vielleicht seine Gesandten, vielleicht seine
Diener und Beauftragten." [54]

Aber auch mit dem rein praktischen Betrieb der Buchprodukti-
on, mit dem Geruch frischer Druckfarbe oder dem monotonen Kor-
rekturlesen von Druckfahnen wird Hesse in seinen Jugendjahren
im Calwer Verlagsgebäude konfrontiert – er wächst nicht nur in der
gehobenen Atmosphäre einer von der Dichtung beherrschten Umgebung oder im Austausch mit dichtenden Zeitgenossen auf, sondern er lernt auch die Beschwerlichkeiten des „Büchermachens"
kennen.

Wie der Standpunkt der Eltern zu seinem frühen Wunsch aussieht, „entweder ein Dichter oder gar nichts werden"[55] zu wollen, erfährt er all zu früh: Dichter sei ein Hungerberuf, meinen sie, der ihn selbst, geschweige denn einmal eine Familie, nicht ernähren könne. Aus diesem Grund auch scheint der Berufsweg des jungen Hesse vorgezeichnet: die theologische Laufbahn, wie sie schon Großvater und Vater beschritten haben.

Ich erspare mir den Weg zum Haus, in dem in früheren Zeiten der „Calwer Verlagsverein" residierte – jenes Gebäude, mit dem Hesse die intensivsten Erinnerungen an seine Vaterstadt verbindet. Nichts erinnert an diesem heute zum funktionalen Geschäftshaus umgebauten Gebäude mehr an jenes heimelige Verlagshaus vor hundert Jahren, wo geistige Größen verkehrten und christliche Literatur verlegt wurde, die Verbreitung über die ganze Welt fand. Ein Büro- und Einkaufsgebäude ist geblieben, umgeben von der lärmenden und abgasverpesteten Bundesstraße und einem Beton-Parkhaus, in das ein Bahnhof integriert ist. Was würde Hermann Hesse dazu sagen, frage ich mich, während ich wieder zum Marktplatz hinunterschlendere. Sicher würde er sich als Fremder fühlen, wenn er sein Vaterhaus sähe und daran dächte, wie er in früheren Zeiten hier ankam: „Dann kam die Brückenecke, und da stand wie immer meines Vaters Haus mit offenen Fenstern, durch die ich unseren Papagei pfeifen hörte, daß mir vor Erinnerung und Freude das Herz heftig schlug."[56] Wehmutsvoll würde er an seine Kindheit denken und zum wiederholten Mal feststellen: „(. . .) Die Kinderheimat ist zu Erinnerung und Heimweh geworden; es führt keine Straße mehr dorthin."[57]

Auf dem sonnengewärmten Marktplatz, von dem der lärmende Fahrzeugverkehr verbannt ist und wo auf dem neu wieder angelegten Pflaster sich heute Straßencafés breitmachen, finde ich die rechte Muße, mich bei einem Glas Rotem in den Bildband zu versenken und gleichzeitig Hesse zuzuhören, der mir weiter berichtet: von Maulbronn, von Bad Cannstatt und Stetten, von Gaienhofen, Bern und schließlich von seiner letzten Lebens-Station Montagnola, wo er den Ort fand, der seiner Persönlichkeit entsprach und an dem er schließlich sein größtes und sein ganzes Denken und Dichten umspannendes Werk zu schaffen in der Lage ist: „Das Glasperlenspiel".

II

Auf der Suche
nach dem rechten Weg

Stationen in Göppingen, Bad Boll, Stetten,
Cannstatt, Tübingen

Auf eigenen Wunsch kommt der zwölfjährige Hermann Hesse im
Februar 1890 nach Göppingen, wo er an der Lateinschule bei Rektor Otto Bauer auf das „Württembergische Landexamen" vorbe-
reitet werden soll.

Auch hier träumt er weiter seinen frühen Wunsch, ein Dichter zu
werden. So läßt er einen Klassenkameraden wissen, der Ausgang
der Prüfung zum Landexamen sei ihm ziemlich gleichgültig. Wenn
er nicht bestehe, dann werde er „einfach freier Schriftsteller".

Auch im Nachhinein bleibt Hermann Hesse die Zeit in der Göppinger Lateinschule unter der Regie des Rektors Bauer in besserer
Erinnerung als seine Schulzeit in Calw. In einem Brief an Göppinger Schüler[58] aus dem Jahr 1953 schreibt Hesse: „Ich habe mit der
Schule im allgemeinen nicht viel Glück gehabt, aber die einstige
Göppinger Lateinschule ist mir durch einen originellen, geliebten
und auch gefürchteten Lehrer in genauer und teurer Erinnerung
geblieben."

Daß eben dieser Rektor Otto Bauer[59] zur Inspiration für eine
Figur in Hesses Altersroman „Das Glasperlenspiel" wird, den er
rund vierzig Jahre später schreibt, bestätigt Hermann Hesse im selben Brief: „Ohne ihn und den Geist, der damals die beiden von
Rektor Bauer aufs Landexamen vorbereiteten Schulklassen beherrschte, hätte meine Phantasie keinen Anlaß gehabt, sich mit der
Konzeption einer Idealschule zu beschäftigen, wie ich sie dann als
alter Mann im ‚Glasperlenspiel' beschrieben habe. So durchs ganze
Leben nachwirkend und fruchtbar kann die Begegnung eines Knaben mit einem überlegenen Lehrer-Genie sein."

Im Juli 1891 besteht Hermann Hesse das „Württembergische
Landexamen", als einer von jener „Elite der schwäbischen Latein-
schüler (. . .), aus der die evangelische Kirche und die humanisti-

Kloster Maulbronn (hist. Foto)

schen Schulen Württembergs ihren Nachwuchs an Geistlichen und Lehrern beziehen."[60] Daß er das Landexamen besteht – allerdings nicht wie seine Romanfigur Hans Giebenrath in „Unterm Rad" als der Zweitbeste des Jahrgangs, sondern nur als 28. von 79 Prüflingen –, berechtigt ihn dazu, kostenlos in einem evangelischen Seminar zum Theologen ausgebildet zu werden.

Am 15. September 1891 bezieht Hesse also mit anderen Seminaristen die Stube „Hellas" im Klosterseminar Maulbronn. Dort wird er allerdings nicht lange bleiben. Bereits am 7. März 1892 flüchtet er aus dem Seminar, offenbar völlig überraschend für die dortige Lehrerschaft, wie deren Reaktion an die Eltern Hesse den Eindruck vermittelt. Hesse übernachtet im Freien, kann aber aufgefunden und zurückgebracht werden.

„Die Not der Pubertätszeit traf zusammen mit der der Berufswahl (. . .)", schreibt Hesse später[61], denn nach wie vor bleibt es sein unbändiger Wunsch, „Dichter oder gar nichts" werden zu wollen. Aus diesem Grund erklärt sich sicher auch die immer heftiger geäußerte Abneigung gegenüber dem Vater, der den Werdegang des Sohnes so angelegt hat, daß dieser nach dem Besuch des Seminars in

Kreuzgang im Kloster Maulbronn (hist. Foto)

Maulbronn zum weiteren Studium an das theologische Stift nach Tübingen überwechseln soll.

Nach der Flucht aus dem evangelischen Klosterseminar, der Wiederergreifung und Maßregelung des Zöglings – er wird für acht Stunden in den „Karzer" gesperrt – erlahmt das nach der Aufnahme des Studiums vorhandene Interesse am Unterricht bei Hesse fast vollständig. Er leidet unter Kopfschmerzen und Müdigkeit, und es kommt zu unberechenbaren depressiven Phasen.

Die Eltern nehmen ihn schließlich aus dem Seminar, zur Erleichterung der dortigen Lehrer, und sie bringen ihn zum Leiter der evangelischen Akademie zu Bad Boll, Christoph Blumhardt[62], um dort den „eigentlichen Grund seiner Mißbildung" herauszufinden, um ihm den „Teufel austreiben" zu lassen, wie es genannt wurde. Doch Hesse hält es auch dort nicht lange aus: Seiner unglücklichen Verliebtheit in die um sieben Jahre ältere Eugenie Kolb folgen wieder Anfälle tiefer Depressionen. Als sich Hesse dann noch Geld leiht, um einen Revolver zu erwerben und mit der Mitteilung verschwindet, er werde sich umbringen, ist für Christoph Blumhardt das Maß voll. Mutter Marie Hesse berichtet in einem Brief an Hesses Bruder Karl Isenberg von der Reaktion des Erziehers: „Furchtbar scharf und streng sprach Blumhardt, der alle Krankheit vergessen zu haben schien und bloß von Bosheit und Teufelei herunterdonnerte, daß einem Hören und Sehen verging und von schlechter Erziehung und ihren Früchten predigte. Schließlich riet Herr Pfarrer Blumhardt, zu Pfarrer Schall nach Stetten zu gehen, und zwar ‚unangemeldet mit Sack und Pack vor ihn hinstehen‘ und bitten, daß er Hermann nimmt, sonst behalte er ihn keinesfalls.“[63]

Hesse wird, nachdem er zurückkommt, tatsächlich zu Pfarrer Schall nach Stetten in die dortige Nervenheilanstalt eingeliefert. Wütende Briefe schreibt er von dort an seinen Vater, die zeigen, wie unermeßlich sich seine Abneigung gegen den Vater und mit diesem gegen die ganze, von Hesse verachtete Gesellschaft und deren Religiosität gesteigert hat. Ein Beispiel: „Sehr geehrter Herr! Da Sie sich so auffällig opferwillig zeigen, darf ich Sie vielleicht um 7M oder gleich um den Revolver bitten. Nachdem Sie mich zur Verzweiflung gebracht, sind Sie doch wohl bereit, mich dieser und sich meiner rasch zu entledigen. Eigentlich hätte ich ja schon im Juni krepieren sollen (. . .) ‚Vater‘ ist doch ein seltsames Wort, ich scheine es nicht zu verstehen. Es muß ja jemand bezeichnen, den man lieben kann und liebt, so recht von Herzen. Wie gern hätte ich eine solche Person! (. . .) und wenn ich ein Verbrechen begehe, sind nächst mir Sie schuld, Herr Hesse, der Sie mir die Freude am Leben nahmen. Aus dem ‚lieben Hermann‘ ist ein anderer geworden, ein Welthasser, eine Waise, deren ‚Eltern‘ leben (. . .)“[64]

Auf seinen Wunsch wird Hesse im Oktober dann vorübergehend zu Pfarrer Jakob Pfister nach Basel geschickt, und Anfang November ist er, reumütig, bereit, ins Gymnasium Cannstatt einzutreten. Aber seine Depressionen halten an, er läuft auch hier bereits nach zwei Monaten davon und spielt erneut mit dem Gedanken des Selbstmordes. Wieder in Cannstatt hält er sich in zwielichtigem Milieu auf, besucht Wirtschaften, kommt in „Kameradschaft mit den Lumpen und lernt die Abende verbotenerweise in Wirtshäusern verbringen, tüchtig saufen“[65], fängt an zu rauchen und macht Schulden. Er absolviert dort noch das Einjährig-Freiwilligen-Examen. Als Ausweg bleibt schließlich wieder nur, ihn von der Schule zu nehmen, die er mit der Obersekundarreife verläßt – dem höchsten allgemeinbildenden schulischen Abschluß, den Hesse zeitlebens erreicht.

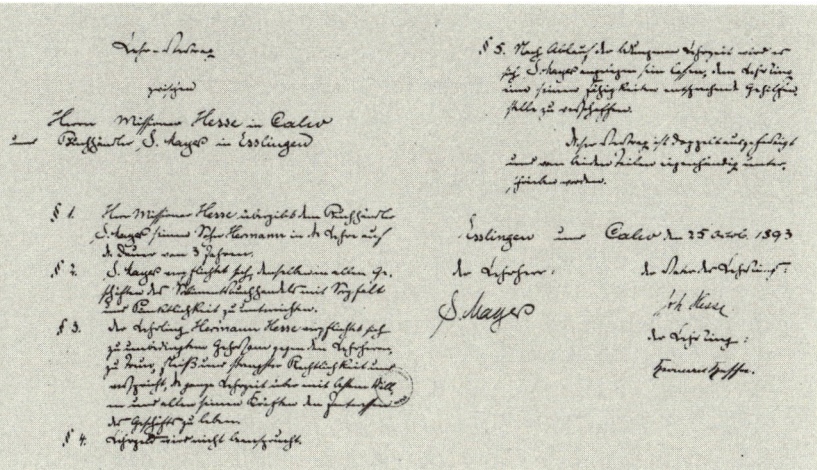

Lehrvertrag zwischen Johannes Hesse und dem Buchhändler S. Mayer,
Esslingen, vom 25. 10. 1893, über die Ausbildung von Hermann Hesse als
Buchhändler

Am 18. Oktober 1893 kehrt er in die Heimatstadt Calw zurück.
In der für ihn dann ausfindig gemachten Lehrstelle, einer Buchhandlung in Esslingen, hält es Hesse nur drei Tage aus, bevor er
auch hier davonläuft und vom Vater schließlich in Stuttgart aufgefunden wird. Aber bereits wenig später sieht der eigenwillige junge
Hesse in einem Brief an den Vater ein, falsch gehandelt zu haben.
Er besteht jedoch weiterhin auf seiner Vorstellung, als freier Schriftsteller leben zu können: „Daß ich ohne weiteres immer weggelau-
fen, galt Euch für krankhaft. Es war natürlich nicht das Richtige,
aber ich fühlte zu allem, was Ihr aus mir machen wolltet, keine Lust,
keine Kraft, keinen Mut. Wenn ich so ohne jedes Interesse an meiner Arbeit Stunde um Stunde im Geschäft oder Studium war, er-
griff mich eben Ekel. Meine freien Stunden habe ich immer zur Pri-
vatausbildung verwendet, Ihr nanntet es brotlose Künste, ich aber
hoffte und hoffte davon zu leben (. . .)"[66]
Der Vater bringt ihn zur Untersuchung seines Geisteszustandes
zu dem berühmten Nervenarzt Dr. Zeller[67] nach Winnenden. Danach verlebt Hesse ein rundes halbes Jahr zuhause, als Verlagsge-
hilfe seines Vaters: „(. . .) eine Unglückszeit, in der meine Eltern an
mir verzweifelten, und auch ich selber oft, in der ich aber, in der

sehr großen Bibliothek meines Großvaters und Vaters, ziemlich gründliche und mannigfaltige Privatstudien machte, das heißt vor allem die deutsche Literatur des 18. Jahrhunderts, die dort sehr gut vertreten war, kennen lernte (. . .) und legte den Grund zu meiner späteren Belesenheit, die ziemlich groß war, bis zunehmende Augenschmerzen mich einschränkten (. . .)"[68]

Hesse entscheidet sich, eine praktische Tätigkeit aufzunehmen: „Eine gewisse Romantik daran gefiel mir, und da ich ohnehin in der Klemme war und mir die Frage, was ich denn werden solle, auf den Nägeln brannte, entschied ich mich für diesen Beruf und trat als Praktikant in blauer Schlosserbluse in Calw in eine mechanische Werkstätte und Turmuhrfabrik ein."[69]

Vom Frühjahr 1894 bis zum Herbst 1895 dauert diese Praktikantenzeit, der junge Hesse scheint seine ruhelose Zeit der Suche hinter sich zu haben, auch wenn er sich gegen Ende 1895 entschließt, die Mechaniker-Tätigkeit aufzugeben und eine Lehre im Buchhandel anzutreten, diesmal in der Universitätsstadt Tübingen. Bis dahin aber hat er „in der Mechanik (. . .) einiges gelernt, versteht eine Nähmaschine zu zerlegen, eine Drahtleitung zu ziehen, Eisen zu drehen, Schrauben zu machen, eine Säge zu hauen, kann Stahl, Eisen, Messing, Kupfer, Zinn, Zink, Antimonium etc. unterscheiden (. . .) und was sonst zur Mechanik gehört."[70] Und außerdem hat er, so gesteht Hesse später[71], „zum ersten und einzigen Mal im Leben mit dem arbeitenden Volk zusammengelebt."

Hesse hofft, von der intellektuellen Umgebung des Gelehrten-Städtchens Tübingen zu profitieren. Von einer Tätigkeit in Antiquariat und Buchhandlung verspricht sich der junge Buchhandelslehrling, sein nahezu unstillbares Interesse für Bücher und Literatur befriedigen zu können. Denn: „Zu den Büchern hatte ich immerhin mehr und bessere Beziehungen als zum Schraubstock (. . .)"[72] Er trifft in Tübingen seine ehemaligen Mitseminaristen aus Maulbronn wieder, die jetzt am „Tübinger Stift" Theologie studieren, und durch diese alten Bekanntschaften gelingt ihm auch ohne Probleme der Anschluß an Studentenschaft und Universität. Wie zuhause in der Zeit vor der Mechanikerausbildung liest Hesse auch während seiner Lehrzeit viel und schreibt jetzt ernsthaft selbst an literarischen Texten. Hier entstehen die Werke, die ihm auch eine erste gewisse Bekanntheit einbringen: Gedichte, die in dem Band „Romantische Lieder" zusammengefaßt werden, Teile des „Her-

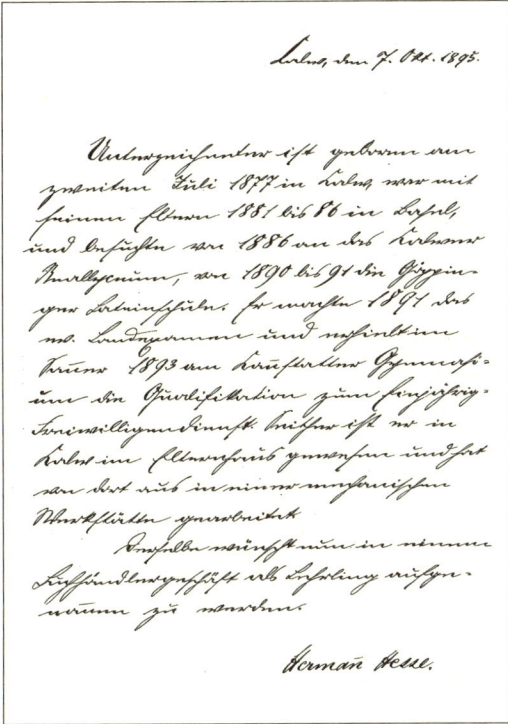

Bewerbungsschreiben Hesses um eine Lehrstelle im Buchhandel
vom 7. Oktober 1895

mann Lauscher" wie auch der Gedichtband „Eine Stunde hinter
Mitternacht".

Nie hegt Hesse den Gedanken, den Beruf des Buchhändlers wirklich dauerhaft auszuüben: „Ich war Buchhändler geworden, um
zunächst einmal unabhängig von den Eltern zu werden (. . .) es war
für mich von Anfang an nur ein Sprungbrett und Umweg zu meinem Ziel gewesen."[73]

In seiner Lektüre ist Hesse während der Tübinger Zeit wähleri-
scher. Während er zuhause noch fast alles verschlang, was er an Literatur des 18. Jahrhunderts in die Hände bekam, begibt er sich nur
in der ersten Tübinger Zeit in einen ähnlichen „historischen" Le-
serausch. Erstmals steht ihm hier nun nämlich auch die gesamte Palette der zeitgenössischen Literatur zur Verfügung, und er genießt

dies wahrlich. Das „Schwimmen im Neuen und Neuesten der Literatur, ja das Überschwemmtwerden damit", war für ihn ein beinahe „rauschhaftes Vergnügen", schreibt er in seinem „Kurzgefaßten Lebenslauf". Es wird aber die Zeit kommen, in der er erkennt, daß ein „Leben in der bloßen Gegenwart, im Neuen und Neuesten unerträglich und unsinnig" ist.

Er beginnt, sich auf die Literatur einzelner Dichter „des Alten" zu konzentrieren, was er nach außen hin dadurch dokumentiert, daß er in seinem Brotberuf von der Tätigkeit in der Buchhandlung ins Antiquariat überwechselt. Zunächst beschäftigt er sich daraufhin jahrelang fast ausschließlich mit Goethes, später vor allem mit Nietzsches Werk.

80 Mark pro Monat bekommt Hesse als Lohn in der Buchhandlung Heckenhauer, nachdem er ausgelernt hat, später wenig mehr. Er bleibt noch ein Jahr als jüngster Gehilfe in seinem Lehrbetrieb. Wie sehr er sich einzuschränken muß – und mit diesen Einschränkungen wohl auch zu kämpfen hat –, zeigen die schriftlichen Ermahnungen des Vaters, der seinen Sohn immer wieder anhält, sparsam zu leben. So auch am 12. Oktober 1895: „Das Rauchen auf ein Minimum beschränken, weil es den Appetit vermindert, die Nerven reizt und Geld kostet (. . .) Kartenspiel um Geld u. dergl. einfach abweisen (. . .) Wäsche zum Waschen u. Flicken nach Calw schicken (. . .)"[74]

In Tübingen findet Hesse auch schnell Anschluß an literatur- und kunstinteressierte Studentenkreise. Mit befreundeten Studenten, unter anderm Ludwig Finckh[75], begründet er einen engen Freundeskreis, sie nennen sich „Petit cénacle". Wie dieser Freundeskreis von außen gesehen wird und wie sie sich selber sehen, zeigt augenzwinkernd ein Auszug aus dem gleichnamigen Gedicht:

Wir galten für dekadent und modern
Und glaubten es mit Behagen.
In Wirklichkeit waren wir junge Herrn
Von höchst dezentem Betragen.[76]

Im Jahre 1897 lernt Hesse den Jura- und späteren Medizinstudenten Ludwig Finckh kennen. Es entwickelt sich eine Freundschaft, die so weit gehen wird, daß Finckh Hesse, als dieser sich dann 1904 in Gaienhofen niederläßt, an den Bodensee folgt und

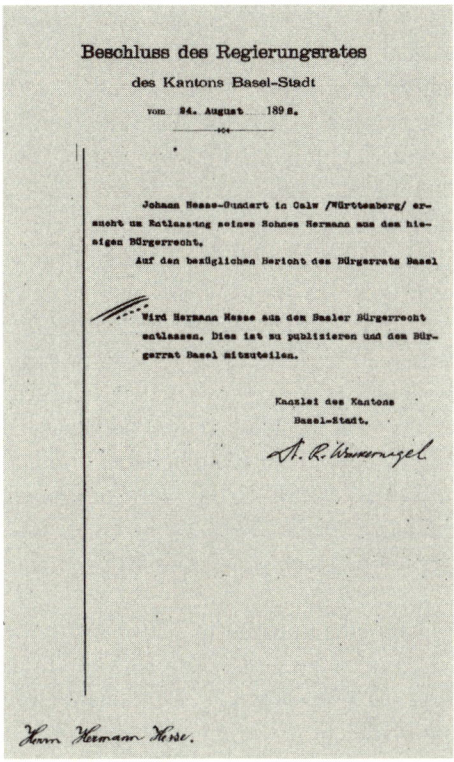

Im Jahre 1898 wurde Hermann Hesse auf Ersuchen des Vaters durch Beschluß des Regierungsrats des Kantons aus dem „Basler Bürgerrecht entlassen"

dort ebenfalls eine Familie gründet. „Er war ein wenig jünger als ich, aber er schien mir viel älter und reifer zu sein; er mußte schon Schweres durchgemacht haben, seine Verse waren voll Geist und Schwermut", berichtet Finckh über die erste Begegnung mit Hesse in der Buchhandlung.[77]

Mit Finckh und anderen Freunden des „Cénacle" macht Hesse auch jenen denkwürdigen Ausflug nach Kirchheim, wo beide sich in die Nichte des Gastwirts der „Krone" verlieben: Julie Hellmann. Beide, Hesse und Finckh, werden dieses Liebeserlebnis mit „Lulu" später literarisieren: Hesse in seinem Roman „Hermann Lauscher" und Finckh in seiner Erzählung „Verzauberung".

Der erste Leser, der auf die literarische Produktion Hesses – auf

63

ein in einer Zeitschrift gedrucktes Gedicht – reagiert und sich an den Verfasser wendet, ist die junge Helene Voigt.[78] Sie dankt ihm für dieses Gedicht. Aus diesem Brief entwickelt sich ebenfalls eine lebenslange Freundschaft, die bereits kurze Zeit nach ihrem Beginn darin Ausdruck findet, daß der Verleger Eugen Diederichs[79], der spätere Ehemann von Helene Voigt, Hesses 1897 bis 1899 entstandene Dichtung „Eine Stunde hinter Mitternacht" in seinem Verlag veröffentlicht. Wenn Diederichs in einem Brief an Hesse auch zum Ausdruck bringt, daß er das Werk „nicht wegen Ihrer Freundschaft zu meiner Frau, sondern wegen der Schätzung, die ich Ihren schriftstellerischen Arbeiten entgegenbringe" verlege, so hat doch sicher Helene Voigt den Kontakt zwischen den beiden vermittelt. Eugen Diederichs sollte auch mit seiner Vorhersage des geschäftlichen Mißerfolgs des Büchleins recht behalten – er äußert Hesse gegenüber, trotz dieser pessimistischen Verkaufserwartung glaube er an den literarischen Wert des Textes –; im ersten Jahr nach seinem Erscheinen werden nur wenig mehr als 50 Exemplare des Bandes verkauft.

Nachdem Hesse seine Lehrzeit in Tübingen, die vier Jahre dauert, beendet hat und noch einige Zeit als Gehilfe im Antiquariat tätig ist, zieht er nach Basel, wo er nach einem Jahr der Lehre in der Buchhandlung Reich als Sortimentsbuchhändler abgeht und bis 1903 in dem angesehenen Antiquariat Wattenwyl weiterlernen will. Die Familie Hesse pflegte und pflegt noch immer intensive Beziehungen nach Basel – Vater Hesse hatte ja von 1881 bis 1886 eine Lehrerstelle an der dortigen Missionsschule inne –, so auch zu dem Basler Pfarrer Emmanuel La Roche[80]. In dessen Tochter Elisabeth [81] verliebt sich Hesse, ohne eine Erfüllung dieser Liebe zu finden. Er trifft die ausgebildete Tänzerin bei Abenden als Gast der befreundeten Familie, und zahlreiche literarische Texte, auch in seinem ersten erfolgreichen Roman „Peter Camenzind"[82], zeugen von dieser unerfüllten Liebe.

Auch in Basel treibt Hesse seine Studien der Literatur, der Geistes- und Kunstgeschichte, vehement weiter. Er setzt sich verstärkt mit dem Werk Goethes auseinander: „Was Goethe zum Einzigen, Größten macht, ist eben das, daß in ihm allein das Rätsel der Neuzeit sich gelöst hat (. . .)", schreibt er an seine Eltern, noch aus Tübingen[83]. Aber auch zu dem dominierenden Geist der damaligen Basler Zeit, Jakob Burckhardt[84], fühlt sich Hesse hingezogen. Burckhardt ist, obwohl bereits verstorben, noch immer höchst gegenwärtig, Hesse empfindet „das geistige Basel voll und ganz geprägt und gezeichnet von seinem Einfluß (. . .), so daß ich wohl sagen kann: außer Goethe hat kein andrer Geist so stark auf mich gewirkt wie Nietzsche und Burckhardt, und im Lauf der Jahrzehnte ist mir mehr und mehr Burckhardt der wichtigere und fruchtbarere geworden", wie er noch viele Jahre später resümiert.[85] Ausdruck findet diese Wertschätzung Burckhardts auch darin, daß Hesse ihn Jahrzehnte später in der Gestalt des Pater Jacobus im Roman „Das Glasperlenspiel" zu einer der literarischen Leitfiguren werden läßt.

In Basel auch erreicht Hesse ein erster Brief des renommierten Berliner S. Fischer Verlages. Man ist dort auf seinen 1901 erschienenen Roman „Hermann Lauscher" aufmerksam geworden und lädt Hesse ein, „etwaige künftige Dichtungen ihm zur Prüfung vorzulegen."[86] Ein nicht unbedeutender Ansporn, den Roman „Peter Camenzind", an dem Hesse bereits arbeitet, schnell fertigzustellen. Das Manuskript wird nach Fertigstellung vom Verlag auch sofort angenommen: „Ich war arriviert", faßt Hesse später zusammen.[87]

III

Loslösung von der Heimat
Basel

Während seiner Tätigkeit im Antiquariat Wattenwyl in Basel lernt
Hesse die Schwestern Bernoulli kennen. Diese führen gemeinsam
ein Fotoatelier und sind Nachkömmlinge des berühmten Basler Ma-
thematikergeschlechts. In dem Fotoatelier geben sie ab und zu jungen Künstlern Gelegenheit, ihre Bilder auszustellen oder aus ihren
Werken zu lesen. Auch Hesse hat in diesem Atelier gelesen und
dabei engeren Kontakt zu den Schwestern geknüpft.

Noch am 5. Februar 1903 schreibt Hesse an Stefan Zweig: „Von
mir ist wenig zu erzählen. Außer ein paar Liebschaften hat mein
Herz eigentlich nie den Menschen, sondern stets der Natur und
den Büchern gehört (...) Mit Kindern, Bauern, Seeleuten usw. ver-
kehre ich gern und bin zum Zechen in Matrosenkneipen etc. stets

Postkartengruß von Hermann Hesse aus Basel, unterschrieben mit
„H. H. Hofnarr a. D."

zu haben. Vor Orten aber, wohin man mit Handschuhen und gewählten Worten geht, graut mir unheimlich und ich bin aller ‚Geselligkeit' seit zwei Jahren strikt ferngeblieben (. . .)" [88]

Nichts deutet in diesem Brief darauf hin, daß Hesse sich in die ältere der beiden Fotografinnen, Maria Bernoulli[89], verlieben könnte und übers Jahr gar an Heirat denken wird. Auch in einem Brief an Alfons Paquet[90] aus dieser Zeit erwähnt Hesse noch mit keinem Wort die sich anbahnende Wandlung in seiner Beziehung zum anderen Geschlecht: „(. . .) während ich in allem Geistigen ziemlich frei von Vorurteilen zu sein glaube, bin ich im praktischen Umgang mit Menschen der kurioseste Sonderling und fliehe namentlich alle nicht absolut ungebundene Geselligkeit wie die Pest. Vor allem, was nach etwas Bindendem, Zwingenden aussieht, hab' ich heillos Angst (. . .)"[91]

Im Gegenteil also: Hesse spricht von einer „heillosen Angst" vor allem Bindenden und Zwingenden. Die Ausrichtung seiner Interessen zielt nach außen auf die Produktion neuer literarischer Werke, ansonsten geht er seinem Beruf als Antiquar nach und beschäftigt sich in intensiven Privatstudien vor allem mit den Werken von Nietzsche, Goethe und Jakob Burckhardt.

Und dann, am 4. Juni 1903, verteidigt er plötzlich in einem Brief an Cesco Como[92] seine Liebe zu Mia Bernoulli. Gleichzeitig sucht Hesse nach Argumenten für diese Liebe, Argumenten gegen seine eigenen, früheren Äußerungen: „Daß jede Liebe ihre tiefe Tragik hat, ist doch kein Grund, nicht mehr zu lieben! (. . .) Mein Schatz ist kein liebes dummes Gretchen, sondern mir an Bildung, Lebenserfahrung und Intelligenz mindestens ebenbürtig, älter als ich und in jeder Hinsicht eine selbständige, tüchtige Persönlichkeit. Sie liebt mich schon länger, ohne daß wir mehr als gute Kameraden waren, und erst seit ein paar Wochen sind wir aus Freunden Liebesleute geworden. Und nun sehe und fühle ich, wie diese wertvolle, tüchtige Seele an mir hängt und in meiner Liebe reifer und tiefer wird, während mich selber diese stürmischen Tage in Freude und in Qual auf die Höhe des Lebens heben und mich alles Menschendasein inniger und mächtiger durchempfinden lassen (. . .) Wenn ich jetzt, wie Du rätst, ‚das Mädchen in Frieden lassen' und ihr und mir diese von einem Gott geschenkten Freuden und Schmerzen ersparen wollte, das wäre Sünde."[93]

Etwa drei Wochen später berichtet Hesse seinem Vater von der

Annahme seines „Peter Camenzind"-Manuskriptes durch einen „großen Verleger". All zu große Hoffnungen auf einen auch finanziellen Erfolg dämpft er allerdings: „(. . .) doch würde ich nur im Fall eines wirklichen Erfolges davon leben können, da ich Prozente vom Absatz beziehe".[94]

Hesse vertraut Stefan Zweig den Wunsch auf eine baldige Heirat mit Mia Bernoulli an und beklagt, daß sich Vater Bernoulli der beabsichtigten Heirat widersetzt: „(. . .) denn sobald ich das Nötige im Sack habe, wird natürlich der alte Dickkopf nimmer gefragt"[95], reagiert er trotzig auf die Weigerung Bernoullis, der Heirat zuzustimmen – denn bereits an Pfingsten 1903 hat sich Hesse mit Mia, gegen den Einspruch ihres Vaters, verlobt.

Da er zwischenzeitlich auch seine Stelle als Antiquar gekündigt hat, bleibt als einzige Chance, um wenigstens in absehbarer Zeit heiraten zu können, ein guter literarischer Erfolg. In diese Hoffnung mischt sich allerdings immer wieder Skepsis ob dem „Wert" der eigenen dichterischen Arbeit:

„Beim Schreiben kommt man sich immer wie ein kleiner Herrgott vor und nachher ists eben Schulbubenarbeit gewesen", läßt er Stefan Zweig im November 1903[96] wissen, jetzt übrigens aus Calw, wohin er sich zurückgezogen hat, um an seinem neuen Roman „Unterm Rad" ungestört arbeiten zu können. Er fühlt sich wieder wohl in Calw, allerdings spürt er auch, daß er dieser Heimat seiner Kindheit entwachsen ist: „Calw ist wohl meine Kinderheimat, und es ist schön, sehr schön hier – aber dort bei Basel lebe ich ganz anders mit der Landschaft zusammen (. . .) Hier ist mir das Tal zu eng, und von den Bergen hier ist keiner so hoch, daß man wirklich weit sehen könnte."[97]

Immer wieder spricht die Befürchtung aus Hesses Äußerungen, der Erfolg des Romans im „großen" S. Fischer Verlag, „Peter Camenzind", könnte ein geringer bleiben mit den unangenehmen Folgen einer immer weiter hinauszuschiebenden Heirat. Doch der „Camenzind" wird ein Erfolg, das Buch erlebt in kurzer Zeit mehrere Auflagen, und von dem Honorar wird Hesse es sich leisten können, zu heiraten und sich mit Mia ein Haus zur Miete zu suchen, auch ohne die zunächst verweigerte Unterstützung des Brautvaters.

Mit dem wachsenden Erfolg des „Peter Camenzind" werden also die Heiratspläne konkreter. Paul Gundert[98] gegenüber nennt Hesse im Juni 1904 bereits ein konkretes Datum: „Ich denke im August zu heiraten und suche zur Zeit eine Wohnung am Bodensee, wohin ich am liebsten ziehen würde." [99]

Noch immer allerdings ist Hesse nicht restlos überzeugt davon, mit dem „Peter Camenzind" den großen und durchschlagenden Erfolg zu haben, denn im selben Brief meint er: „Vom Camenzind glaube ich nicht, daß er über die 4. Auflage hinauskommen wird, der Interessentenkreis ist nun doch bald erschöpft, und es ist auch genug so."

Auch plagen Hesse immer wieder Gefühle der Unreife für die Heirat und der Selbst-Ungenügsamkeit. Der Freundin aus den Jugendjahren, Helene Voigt-Diederichs[78], gegenüber spricht er das auch ohne Vorbehalt an: „Ja, nun steht meine Heirat nahe bevor, die Freunde wünschen Glück, und die Braut kratzt ihre Siebensachen zusammen, und mir ist ganz sonderbar dabei zumut. Denn im Grunde kommt es mir oft vor, ich sei eigentlich noch ein Knabe, so wie ich mit zwölf Jahren war, und wundere mich häufig, daß die Leute mich ernst nehmen und daß weltkluge und feine Leute wie mit ihresgleichen mit mir umgehen, daß ich nächstens eine Frau und einen Haushalt haben und wie alle ernsthaften Männer und Bürger leben und dastehen soll (. . .)"[100]

Mit diesen Selbstzweifeln geht aber auch die sich immer mehr verstärkende Beziehung zum Vater einher – nach radikal abweisenden Äußerungen des jungen Hesse während der Zeit seiner Depressionen und Pubertät in Maulbronn, Stetten, Bad Boll und Cannstatt ist für ihn jetzt die Verbindung zum Vaterhaus zu einem wichtigen Bezugspunkt seines Lebens, zu einem Halt geworden. „(. . .) sooft ich bei ihm bin, preise ich mich glücklich, daß ich bis zum Beginn des Hausstandes einen Vater und seine Heimat haben durfte", ist in dem selben Brief an Helene Voigt-Diederichs zu lesen – ein weiterer Beweis dafür, daß Hesse die Zeit der Orientierungslosigkeit, die Zeit des Suchens und der schweren Depressionen hinter sich gelassen hat.

Am 2. August 1904 findet in Basel die Hochzeit statt, Vater Bernoulli ist abwesend. Das junge Ehepaar zieht sich unmittelbar danach in ein gemietetes kleines Bauernhaus am Kirchplatz in Gaienhofen am Bodensee, im badischen Deutschland, zurück, das Mia während Hesses Arbeits-Aufenthalt in Calw ausfindig gemacht hat.

IV

„Die bürgerliche Epoche in meinem Leben"[101]
Gaienhofen

In der persönlichen und literarischen Entwicklung von Hermann Hesse nehmen die Jahre von 1904 bis 1912 in Gaienhofen einen wichtigen Platz ein: In diesen Jahren entscheidet sich ganz wesentlich die weitere Ausrichtung seines dichterischen Schaffens, was eng mit dem Bewußtwerden seiner Haltung zum Leben mit Familie und in Bürgerlichkeit zusammenhängt – als „rousseaueskes Experiment" bezeichnet der amerikanische Hesse-Forscher Joseph Mileck diese Phase in Hesses Leben.[102] Hesse versucht, seine schriftstellerische Arbeit zu vereinbaren mit der Funktion eines Familienvaters und Ehemannes. Ausgleich sucht er während der Gaienhofener Zeit mehr und mehr in der Beschäftigung mit der Natur wie auch im Reisen.

Auch in Gaienhofen erfährt der Dichter heutzutage mancherlei Ehrung: Bereits beim Betreten des Ortes wird man von einem großen Hinweisschild mit der Aufschrift „Hermann-Hesse-Schule" begrüßt, und in der Bodenseegemeinde wurde zu Ehren des Dichters, der hier von 1904 bis 1915 lebte, sogar im Gemeindemuseum ein halbes Stockwerk mit Zeugnissen seiner Arbeit und seines Lebens in der Gaienhofener Zeit eingerichtet. Im ehemaligen Wohnhaus der Familie Hesse befindet sich nun ein „Hermann-Hesse-Höri-Museum". Originaldokumente über den Bau des Hesse-Hauses „Am Erlenloh" mit dem Baugesuch an das Bezirksamt Konstanz durch Hesse finden sich, wie auch Auszüge aus der Korrespondenz mit dem von Hesse verehrten schwäbischen Dichter Christian Wagner – zu dem er während seiner Zeit in Gaienhofen Kontakt aufnimmt und versucht, ihn nach Kräften zu fördern. Holzschnitte von Hesses Künstlerfreunden werden in dem Museum ausgestellt, so einer von Max Bucherer aus dem Jahre 1907, der Hesse mit Sohn Bruno am Seeufer zeigt. Die Original-Reinschrift des

Direkt an der Ortseinfahrt Gaienhofen
findet sich dieses Hinweisschild auf die Hermann-Hesse-Schule

Hesse-Gedichtes „Im Nebel", das ebenfalls in Gaienhofen entstand, ist zu sehen und einige Besonderheiten wie zum Beispiel die Charlottenkreuz-Verleihungsurkunde des württembergischen Königs vom 24. August 1917 für Hesses Einsatz zugunsten der deutschen Kriegsgefangenenfürsorge.

Nicht im selben Umfang und mit dem Anspruch einer das Leben und Wirken von Hesse vollständig umfassenden Schau wie in Calw wird im Museum in Gaienhofen das Leben des Dichters präsentiert – hier wird ein Einblick in die Zeit Hesses am Bodensee, in seine Verbindungen zu den Künstler-Freunden, die das Bodenseeufer belebten, aber auch in jene Zeit in einem abgelegenen Dorf am Untersee gegeben. Auch hat mit Hesses Weggang im Jahr 1912 dieser Teil des Bodensees noch lange nicht die Anziehungskraft auf Künstler verloren. Viel später, zu Zeiten des Zweiten Weltkriegs, wird die Uferlandschaft am Untersee Zuflucht für viele, vor allem bildende Künstler – beispielsweise Otto Dix oder Max Ackermann –, die in

Ein Autograph des Gedichts „Im Nebel"

Höri-Museum in Gaienhofen mit Hesse-Gedenkstätte
(Aufnahme von 1992)

73

Dieses Bauernhaus am Kirchplatz war Hesses erstes Domizil in Gaienhofen –
heute „Hermann-Hesse-Höri-Museum" (Aufnahme von 1992)

die „innere Emigration" flüchteten und dort, am südlichen Rand
Deutschlands, zu überleben versuchten.

In dem Bauernhaus am Kirchplatz, in dem auch die Hesse-Aus-
stellung zu besichtigen ist, hatte Hesse seine erste Wohnung in Gaienhofen: Hierher zog er sich mit Frau Mia zurück, hier schrieb er,
diskutierte mit Künstlerfreunden, von hier aus zog er hinunter zum
See, wo sein Ruderboot lag. Heute ist das Bauernhaus fein renoviert, das Fachwerk wurde herausgeputzt, und an der Giebelwand
erinnert ebenfalls, wie in Calw, eine Bronzetafel daran, daß der Dichter von 1904 bis 1907 dort lebte. Dieses ehemalige Wohnhaus, inzwischen von der Gemeinde Gaienhofen erworben, wurde ebenfalls zu einer Hesse-Gedenkstätte ausgebaut, und es finden dort
wechselnde Veranstaltungen zu kulturellen Themen wie auch zu
Hermann Hesse und seinem Werk statt.

Das Haus „Am Erlenloh", das einzige Haus, das Hesse je als sein
Eigentum bezeichnen durfte, ist heute weniger zugänglich. Die
Bäume um das Haus – Aufnahmen aus der Zeit nach der Jahrhundertwende zeigen das Gebäude völlig freistehend – sind heute hoch-
gewachsen und verhindern eine freie Sicht. Auch erinnert – abge-
sehen davon, daß sich das Haus in der Hermann-Hesse-Straße

74

Hafen von Gaienhofen mit Blick in die Schweiz (Aufnahme von 1992)

befindet – nichts daran, daß hier einmal der Dichter mit seiner Familie gelebt hat. Der heutige Besitzer, so heißt es, wünsche dies nicht, er befürchte zu viele Neugierige.

Noch einen kurzen Gang hinunter zum Seeufer: Hesse hatte hier sein eigenes Ruderboot, mit dem er manches Mal hinüberruderte in die Schweiz, nach Steckborn, das man hinter dem Gaienhofener Hafen breit am gegenüberliegenden Ufer liegen sieht. Eine Promenade führt an der Ufermauer entlang; Sitzbänke laden zum Verweilen ein. Die Hotels, die sich in einiger Entfernung hinter dem Uferpark aufreihen, beherbergen heute – anders als zu Hesses Zeit, als sich kaum ein Erholungssuchender an diesen Teil des Bodensees verirrte – jährlich Tausende von Gästen. Viel hat sich verändert an diesem schmucken Hafenort am Bodensee, und nicht mehr viel erinnert an jenes Dorf, das Hesse noch gekannt hat.

Ludwig Finckh, der Dichter-Freund aus der Tübinger Zeit, der Hesse 1905 nach Gaienhofen folgte, beschreibt dessen Leben in jener Zeit auf der Bodensee-Halbinsel Höri so: „Ein Leben mit der Natur in fast bäuerlicher Einfalt (. . .) In Gaienhofen wurden ihm seine drei Söhne geboren; er ging fast im Garten- und Landleben

75

Nach einer Zeichnung von· Max Bucherer.

GAIENHOFEN.

Zeichnung des Malerfreundes Max Bucherer:
rechts Hesses erstes Wohnhaus am Kirchplatz

auf, er liebte sein Boot auf dem See und seinen Badeplatz unter den Pappeln, den Wald, den Berg und die Freunde."[103]

Auch im Nachhinein, als er längst in Montagnola lebt, möchte Hesse diese Zeit in Gaienhofen nie missen: „Etwas, was kein späteres Haus mehr zu geben hatte, macht dieses Bauernhaus mir lieb und einzigartig: Es war das Erste! Es war die erste Zuflucht meiner jungen Ehe, die erste legitime Werkstatt meines Berufs, hier zum erstenmal ließ ich mich auf den hübschen Traum ein, mir an einem Orte eigener Wahl etwas wie Heimat schaffen und erwerben zu können. Und es geschah mit geringen und primitiven Mitteln. Nagel um Nagel in diesen Stuben habe ich selber eingeschlagen, und es waren nicht gekaufte Nägel, sondern die Kistennägel von unsrem Umzug, die ich Stück für Stück auf unserer steinernen Hausschwelle geradegeklopft hatte."[104]

76

*Gedenktafel am Gaienhofener Kirchplatz, in dem Bauernhaus
wohnte Hesse von 1904 bis 1908 (Aufnahme von 1992)*

Daß zumindest die erste Zeit, als die Familie Hesse in dem Bauernhaus auf dem Kirchplatz von Gaienhofen lebt, sich alles andere als komfortabel gestaltet, die Eheleute „schon seit Tagen ohne Tisch und Stuhl in unserem leeren Bauernhäuschen" ein einsames und ländliches Leben verbringen, beschreibt Hesse in vielen Briefen. Mit der Lage des Hauses ist Hesse aber recht zufrieden, wie sich in einer Mitteilung an Alexander Freiherr von Bernus[105] zeigt: „Zwei unserer Stuben (Wohnstube und Studierbude) sind sehr schön, auch groß, mit Seeaussicht. Das Dorf liegt bergan am Hügel." Und an anderer Stelle[106] ergänzt er: „Der Wohnteil des Fachwerkhauses bestand unten aus einer Küche und zwei Stuben, deren größere mit dem großen Kachelofen unser Wohn- und Speisezimmer war, rohe Holzbänke liefen der halben Wand entlang, es war dort warm und behaglich zwischen den Holzwänden. Das kleinere Zimmer daneben war das meiner Frau, dort stand ihr Klavier und Schreibtisch. Eine primitive Brettertreppe führte ins obere Geschoß. Dort war, dem Wohnzimmer unten entsprechend, ein großer Raum mit zwei Fenstern übereck, aus denen an der Kapelle vorbei Stücke der Seelandschaft zu sehen waren; dies war mein Studierzimmer, darin stand der große Schreibtisch, den ich mir hatte bauen lassen (. . .)"

Wie sehr Hesse versucht, in Gaienhofen eine bürgerliche Existenz zu gründen und seine Tätigkeit als Schriftsteller mit der Funktion des Familienvaters zu vereinbaren, zeigt sich nicht zuletzt daran, daß er den Turnverein von Gaienhofen mitgründet und zu dessen Ehrenmitglied ernannt wird.

In dem Haus am Kirchplatz in Gaienhofen wird die Familie Hesse vom Juli 1904 bis zum November 1907 wohnen. Und in diesem Haus, das erst in Wochen harter Arbeit bewohnbar gemacht werden muß, führen sie auch ein Leben, das man nicht nur aus heutiger Sicht als bescheiden bezeichnen muß.

„Gaienhofen ist ein ganz kleines schönes Dörflein", schreibt Hesse am 11. 9. 1904 an Stefan Zweig[107], „hat keine Eisenbahn, keine Kaufläden, keine Industrie (. . .) Es hat auch keine Wasserleitung, so daß ich alles Wasser am Brunnen hole, keine Handwerker, so daß ich die nötigen Reparaturen im Haus selber machen muß, und keinen Metzger, also hole ich Fleisch, Wurst etc. jeweils im Boot über dem See aus dem nächsten thurgauischen Städtchen. Dafür gibt es Stille, Luft und Wasser gut, schönes Vieh, famoses Obst, brave Leute (. . .)" – ein einfaches, scheinbar unbeschwertes Landleben am See also. Der Erfolg seines Romans „Peter Camenzind", für den er ein Honorar von 2500 Mark bekommt, ermöglicht es Hesse, sich das Haus und ein nicht an eine feste Arbeitsstelle gebundenes Leben leisten zu können: „(. . .) davon kann ich zwei Jahre leben, wenigstens, wenn ich hier bleibe", läßt er Zweig wissen. Und: „Es lebe Peter Camenzind! Ohne ihn hätte ich nicht heiraten und nicht hierherziehen können."

Freund Finckh berichtet über das Leben der Familie Hesse in Gaienhofen viele Details. So liebe es Hesse, Reis mit Curry zu verspeisen, auf indische Art, so wie er es in Calw von seinen Eltern bekommen hatte. Seine Frau Mia habe es schwer gehabt, ihm alles recht zu machen. Hesse dagegen mit seinen schlanken, schmalen Fingern und Händen hätte gewiß den Reis ebenso gewandt mit Stäbchen essen können wie ein Inder oder Chinese.[108]

Einerseits freut sich Hesse über seinen Erfolg als Dichter, aber „die Freude am Schaffen, das eigentliche Dichterglück", so schreibt er, „ist durch diesen Erfolg um kein Haarbreit gestiegen."[109]

Daß er sich ganz bewußt zurückzieht in das abgelegene Dorf am Bodensee, in eine Nähe zur Natur, bestätigt er auch im nachhinein: „Ich verstand unter Bauerntum nicht bloß die Stadtferne, sondern vor allem die Naturnähe und die Sicherheit, die ein nicht von Vernunftsätzen, sondern von Instinkten geleitetes Leben auszeichnet. Daß mein ländliches Ideal selber nur ein Vernunftsatz war, störte mich dabei nicht." [110]

Dieses „ländliche Ideal" beschränkt sich nicht nur auf den geistig gehaltvollen Austausch in weltabgelegener Umgebung, sondern die Gaienhofener Künstler wußten durchaus auch „zu leben", wie Ludwig Finckh ausführt: „Zweimal in der Woche fuhr auch ein Schweizer Dampfschiff nach Konstanz, ein alter Kohlenfresser, und wir benutzten es zu Lustfahrten, um Besorgungen dort zu machen. Bald waren wir mit den Schiffsleuten vertraut und befreundet, so daß wir auch selber das Steuer in die Hand nehmen durften (. . .)"[111]

Naturnähe und Stadtferne sind für Hermann Hesse aber beileibe nicht gleichbedeutend mit dem völligen Rückzug in die Einsamkeit. Im Gegenteil: Schon aus beruflichen Gründen pflegt er weiterhin vielfältige Verbindungen zu Autorenkollegen, zu Verlegern und Künstlern der verschiedensten Ausrichtungen, zu den Verantwortlichen der Zeitungen und Zeitschriften, für die er in jener Zeit arbeitet. Auch kommt er bei Lese- und Vortragsreisen durchaus aus seinem Domizil am zu jener Zeit einsamsten Teil des Bodensees heraus: Außer Deutschland liegen die Ziele seiner Vortragsreisen auch in Österreich und der Schweiz.

Der Erfolg des „Peter Camenzind" bringt Hesse aber nicht nur Honorare ein, die ihm ein von finanziellen Nöten relativ sorgenfreies Leben erlauben, sie bringen auch eine „Berühmtheit" mit sich, mit der er erst umzugehen lernen muß: „Ich gäbe meinen letzten Pfennig dafür, wenn ich den ‚Camenzind' anonym ausgegeben hätte", schreibt er. „Dieses Berühmtsein ist eine elende, traurige und im Kern sehr lächerliche Sache."[112]

Ludwig Finckh bestätigt dagegen den großen Wurf neidlos: „Nach dem gewaltigen Erfolg seines ‚Peter Camenzind' war er der gefeiertste Dichter in Deutschland, umworben und begehrt von Zeitschriften und Verlegern (. . .)" Er mißgönnt Hesse den Erfolg

In der Gaienhofener Zeit führte Hesse Buch über den Bestand seiner
Bibliothek; dabei listete er die Bücher nach verschiedenen Kriterien auf

Hesse führte auch genau Buch über seine zur Publikation versandten
Artikel und Aufsätze, ebenso ob diese angenommen, gedruckt und auch
honoriert wurden

nicht, im Gegenteil: Der Freund bleibt für ihn weiterhin „der bescheidene, tätige, zärtliche Mensch, allen offen und zugewandt, der den Dorfbewohnern Rätsel aufgab."[113]

Das gespaltene Verhältnis Hesses zu der Tatsache, eine „öffentliche Person" geworden zu sein, ein berühmter Dichter, wird ihn sein Leben lang verfolgen: „Ich habe die Öffentlichkeit nie geliebt, und es war mir niemals angenehm, in einer Umgebung zu leben, wo man mich als Namen und als Marke kannte; mein Leben konnte mir gar nicht privat genug sein (. . .)"[114]

Wichtige Kontakte zu Schriftsteller-Kollegen jener Jahre sind insbesondere die zu Stefan Zweig, zu dem Politiker und Mitarbeiter der Zeitschrift „März" Conrad Haußmann[115], sowie zu den „März"-Mitarbeitern Albert Langen[116] und Ludwig Thoma[117], zu dem Maler und Karikaturisten Olaf Gulbransson[118], aber auch zu den Schriftstellern Wilhelm Schäfer[119], Emil Strauß[120] und Christian Wagner[121]. Mit Stefan Zweig steht Hesse seit Februar 1903 in brieflichem Kontakt, im Jahr 1905 begegnen sie sich in Gaienhofen.

Zweig, ein interessierter Leser der literarischen Erzeugnisse von Hesse, schreibt ihm über den Vorabdruck von „Unterm Rad" im Jahre 1905: „Ich liebe diese tiefe und mit so wunderbarer Kunst erzählte Geschichte um ihrer Menschlichkeit willen."[122] Mit dieser Aussage spricht Stefan Zweig schon am relativen Anfang der literarischen Karriere von Hermann Hesse genau den Punkt an, der zeitlebens Maxime von Literatur und Leben Hermann Hesses bleiben soll: das Ideal der Humanität, die für den Schriftsteller und den Menschen Hermann Hesse Wert an sich und Triebfeder seines ganzen Schaffens bleiben wird.

V

Geistesnähe zu Dichtern, Malern und Musikern

Hesses Arbeit als Kritiker und Rezensent ist von einer tief humanistischen Grundhaltung bestimmt. Sein Anliegen ist es, „positive" Kritik zu üben, das heißt, Bücher zu „empfehlen" – durchaus aus seiner persönlichen Sicht heraus –, jedenfalls aber nie zu verletzen.

Christian Wagner, schwäbischer Dichter und Bauer aus Warmbronn

Er beschreibt dies in einem Brief an Helene Voigt-Diederichs, der Verehrerin aus Jugendjahren und Ehefrau seines Verlegers Eugen Diederichs: „Ich bringe dort nur gute, schöne Bücher, die ich gern herzlich empfehle, gar keine negative Kritik! Diese Art sagt mir zu, und man kann so wohl auch am ehesten dem Guten wirksam nützen."[123]

Eindrückliches Beispiel für diese Art der positiven „Kritik" Hesses ist sein Einsatz für das literarische Werk von Christian Wagner, einem schwäbischen Bauern, der mit seinen mystischen Naturgedichten die Aufmerksamkeit des um über vierzig Jahre jüngeren Hesse auf sich gezogen hat. In zahlreichen Buchbesprechungen und Hinweisen setzt Hesse sich für den schwäbischen Dichter ein. Über Wagner, dessen Werk ihm auch ob der Anregungen für die Fortentwicklung seines eigenen wichtig ist, schreibt Hermann Hesse: „Ehrfurcht vor dem Leben war der Grund seiner Dichtung und seiner Lehre." Wieder ist man geneigt zu meinen – betrachtet man diese Aussage nur für sich –, Hesse beschreibe sich hier selber, wieder wird die Hinwendung des Dichters zu jener übergreifenden Humanität deutlich, die sich auch in der neidlosen Anerkennung eines Werks, das dieselbe Humanität zur Maxime des eigenen Schaffens gemacht hat, auswirkt.

Hesse beschreibt Wagner als Menschen, der er eigentlich selber ist: „Er konnte Tiere, die für den Schlächter bestimmt waren, kaufen und im eigenen Hause pflegend aufnehmen."[124] Wie sehr paßt zu dieser Aussage die Äußerung des Hesse-Sohnes Heiner aus dem Jahre 1988: „Zur Natur hatte mein Vater ein sehr inniges Verhältnis. Es erschöpfte sich nicht in Sonntagsausflügen ins Grüne, Vater liebte auch die Berge, er liebte es zu Fuß durch Umbrien zu wandern und ihm waren auch die kleinsten Dinge in der Natur wichtig und heilig (. . .) Wenn ich mit Vater durch seinen Garten schlenderte und selbstvergessen ein Blatt oder einen Zweig brach, betrübte ihn das so sehr, daß seine gute Laune wie weggeblasen war. Er liebte die Pflanzen, betrachtete sie als Lebewesen wie unsereins."[125]

Die Respektierung und Achtung der Natur als Teil seiner selbst ist eine wichtige Parallele in der Geisteshaltung von Hermann Hesse wie auch von Christian Wagner, getragen von derselben, durch und durch humanistisch geprägten Grundhaltung beider Dichter.

Hesse verschafft Wagner 1912 den einzigen Literaturpreis, der diesem zu Lebzeiten zugesprochen wird: den mit einer Geldsum-

hermann
hesse

Brief Hesses an Christian Wagner, 1915

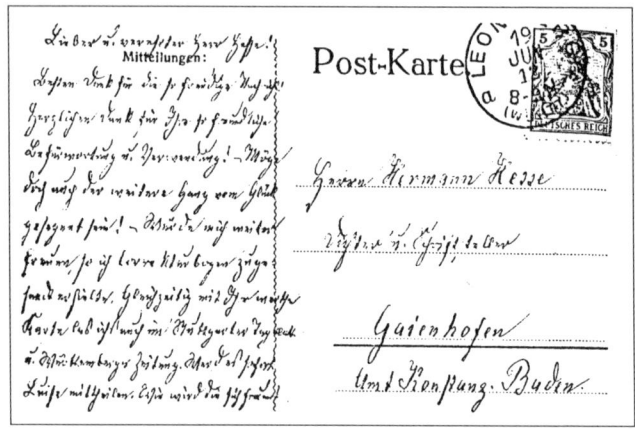

Postkarte von Christian Wagner an Hesse, 1912

me von 2000 Mark verbundenen Preis des Frauenbundes zur Ehrung rheinländischer Dichter. Mit dem Preis ist auch die Drucklegung eines Werkes des Preisträgers in Buchform verbunden. Diese Veröffentlichung wird von Hesse 1912/13 herausgegeben: Das einzige aller durch Hesse herausgegebenen Bücher, das Werke eines damals zeitgenössischen Autors enthält.

Ausdruck des Wertes der Förderung durch den arrivierten Schriftsteller Hermann Hesse mag auch ein Brief des Redakteurs und späteren Stuttgarter Theaterkritikers Hermann Missenharter[126] an Christian Wagner sein: „Zu meiner großen Freude hat Hermann Hesse in Gaienhofen, der uns schon zu Neujahr mitteilte, daß ihm in unserer ‚Weihnachtsausgabe' Ihr Gedicht ‚Geburtsweihe' ganz besonders gut gefallen hat, nunmehr auch im ‚März', wie Sie wohl gesehen haben werden, eine Glosse über Sie als Dichter geschrieben. Zu dem schönen Erfolg, den ein Urteil aus so berufenem Munde bedeutet, sagen wir nun unsere herzlichsten Glückwünsche (. . .)"

In der Folge werden weitere Beiträge von Christian Wagner, dessen Tochter zeitweise im Haus der Familie Hesse in Gaienhofen als Haustochter beschäftigt ist, in der Zeitschrift „März" veröffentlicht, wo Hesse für das literarische Programm zuständig ist.

Daß Hesse, wie viele andere Schriftsteller auch, in späteren Jahren mit den eigenen früheren Werken nicht eben mehr sehr zart umgeht, sie als „unfertig" empfindet, paßt genau in das Schema dieser rigorosen Grundhaltung: Nur das seiner persönlichen Ansicht nach Beste wird empfohlen, auf weniger Gutes geht er gar nicht ein. Eugen Diederichs, dem Verleger seines frühen Buches „Eine Stunde hinter Mitternacht"[127] gegenüber, meint Hesse bereits wenige Jahre später[128]: „Am liebsten würde ich es ganz verschwinden lassen (...) nun gibt es manche Leute, die auf Grund des Camenzind auch meine früheren Publikationen kaufen. Und für alle diese, soweit sie nicht sehr verständig und nachsichtig sind, muß die ‚Stunde hinter Mitternacht' eine schwere Enttäuschung sein. Auch ist ja jenes Buch, so berechtigt und momentan interessant es damals war, tatsächlich doch ein mißglückter Versuch aus einer Zeit des Suchens und Irrens."

Eine ganz konsequente Haltung verfolgt Hesse bei der Kritik anderer an seinen Werken. Ein Dichter oder Künstler, der gegen sich selbst wahrhaftig ist und ehrlich arbeitet, könne von der Kritik „bitter wenig profitieren", findet Hesse, da er ja in formaler Hinsicht bereits sein Bestes schon getan habe.

So geht Hesse auf die meisten Kritiken an seinem Werk gar nicht ein. Nur wenn er sich von einem Rezensenten elementar mißverstanden fühlt, greift er mit einem persönlichen Brief an den Verfasser der Kritik ein. So auch bei einer Kritik von Theodor Heuss, dem späteren ersten Bundespräsidenten der Bundesrepublik Deutschland. Dieser hat am 10. November 1910 in der Zeitschrift „Die Hilfe" eine Besprechung des Romans „Gertrud" veröffentlicht, und Hesse wendet sich schriftlich an den Verfasser, denn er fühlt wohl trotz des Mißverständnisses, das aus der Rezension für ihn ablesbar ist, eine wichtige geistige Substanz in den Gedanken von Heuss. Aus diesem ersten Briefwechsel entwickelt sich dann eine lebenslange, freundschaftliche Beziehung zwischen den beiden. In besagtem ersten Brief an Theodor Heuss nimmt Hesse eindeutig Stellung zu dessen Kritik: „(...) mit dem Ton haben Sie unrecht, gerade als Praktiker und Schätzer der Arbeit insofern ganz unrecht, als ich glaube, daß sprachlich kaum irgendein jetziger deutscher Autor konsequenter und intensiver, ja leidenschaftlicher arbeitet als ich (...) ich fühle mich durch Ihr Urteil weder geschädigt noch beleidigt, aber gerade im wesentlichsten Punkt meiner Begabung und bewußten Arbeit unverstanden." [129] Und in einem späteren Brief[130] ergänzt Hesse: „Ich war der Meinung, stofflich in der ‚Gertrud' insofern Neues zu probieren, als das Buch von der schwierigen Balance handelt, die im echten Künstler zwischen Liebe zur Welt und Flucht vor der Welt einerseits, andrerseits zwischen Befriedigung und Durst beständig vibriert."

Auch damit umreißt er wieder das Grundthema aller seiner, auch der späteren, Werke – ein Thema, das in modifizierter Äußerung sich wohl bei jedem Künstler findet: die Suche nach einer Ausgeglichenheit, einer Balance, die die Extreme zueinander führt und in sich vereinigt. Im selben Brief schreibt Hesse, ihm stehe der Wunsch nach reiner Melodie vielleicht zuletzt doch höher als der nach Durchdringung großer Stoffe – weshalb er sich auch als heimlicher Lyriker verstehe und an der Forderung Heuss', zum „deutschen Flaubert" zu werden, doch so seine Zweifel hege.

Insbesondere über seine Herausgeber- und Autorentätigkeit für die Zeitschrift „März" hält Hesse Kontakt zu Schriftstellern wie auch zu politischen Kreisen, die sich in ihrer publizistischen Arbeit gegen die Ausprägung des wilhelminischen deutschen Reichs richten. Ludwig Thoma, mit dem und Albert Langen zusammen Hesse ab 1906 die Zeitschrift „März" herausgibt, schreibt ihm im selben Jahr und gibt damit Auskunft über die geistige Grundhaltung der gemeinsam herausgegebenen Zeitschrift[131]: „Die gequälte mystische Impotenz und die Journalistensprache, die verwaschenen Abhandlungen über Seelenprobleme werden dem Volk ungenießbar werden, wenn es gesunde Kost findet" – eine Zeitschrift soll es sein, die sich in liberaler Grundhaltung gegen das Regime Wilhelms II. richtet und deren Mitherausgeber Hermann Hesse bis 1912 bleiben wird. Während seiner Indienreise im Jahr 1911 teilt Hesse der „März"-Redaktion erstmals seinen Rückzug mit, mit seinem Weggang aus Gaienhofen wird er die Tätigkeit endgültig aufgeben.

Den Romancier Wilhelm Schäfer kennt Hesse bereits seit 1903. Schäfer gibt die Monatsschrift „Die Rheinlande" heraus und bringt dort zahlreiche Erstdrucke von Hesse-Texten. Im Jahre 1908 notiert Schäfer nach einem Besuch bei Hesse und nimmt damit die weitere räumliche Orientierung des Dichters vorweg: „Es ist keine Laune, daß er in Gaienhofen mit dem Rücken zu seiner Heimat, diesseits des Wassers wohnt und jenseits die blauen Hügel seiner Sehnsucht ragen sieht, dahinter die Schweiz mit seinen Bergen und weiter sein Italien liegt."[132]

Auch zu dem Schriftsteller Emil Strauß hält Hesse, zumindest bis zum Jahr 1918, freundschaftliche Verbindungen, nachdem Strauß bereits im Jahre 1903 nach der Veröffentlichung des Romans „Peter Camenzind" an Hesse geschrieben hat: „Die einfache, ehrliche, unverschult frische Art Ihres Erzählens freut mich besonders herzlich, wie die unverdorbene, unverderbbare Art des Peter."[133]

Schon in Gaienhofen macht sich allerdings bemerkbar, was in späteren Jahren noch deutlicher zutage treten wird: Hesse zieht den Kontakt zu Malern, zu Musikern oder Komponisten den Verbindungen zu Autorenkollegen vor: „Denn Kollegen laufen zwar gerne zueinander, vertragen sich aber selten."[134]

Als Zeugnisse dieser Malerfreundschaften sind aus der Gaienhofener Zeit zahlreiche Porträts von Hesse, zum Beispiel von Ernst Würtenberger[135] aus dem Jahre 1905, oder Karikaturen von Olaf Gulbransson sowie eine Büste von Eduard Zimmermann[136] erhalten. Gegen die Veröffentlichung seines Konterfeis wendet sich Hesse allerdings strikt: „Mit dem Porträt bin ich noch der alten Ansicht, daß mein Gesicht die Leser nichts angeht. Das Publikum ist ohnehin so anspruchsvoll gegen seine ‚Lieblinge' und sucht sie so zu tyrannisieren, daß man nichts unnötig preisgeben sollte, auch nicht seine Visage", läßt er sehr deutlich im Juli 1907 seinen Verleger Samuel Fischer wissen, als dieser den Wunsch äußert, des Dichters Porträt zu veröffentlichen.[137]

Daß Hesse sich schon in jenen Jahren selbst zur Malerei hingezogen fühlt – diese also nicht ausschließlich „Ausfluß" seiner psychoanalytischen Behandlung in späteren Jahren war, wie oft behauptet – bestätigt der Gaienhofener Dichterfreund Ludwig Finckh: „Voller Freude zeigte Hesse dann den Gästen, was er inzwischen in Büchern gemalt hatte, – hier fingen die ersten beglückenden Malereien an, die er dann später in Montagnola unter einem blaueren Himmel so farbenfreudig weiter entwickelte."[138]

Hermann Hesse pflegt auch intensive Kontakte zu Musikern. Über seine Frau Mia, selbst ausgebildete Pianistin, verstärkt sich diese Hinwendung zur Musik, die er ebenfalls ein Leben lang beibehalten wird, bis hin zur intensiven, auch theoretischen Auseinandersetzung mit dieser Kunstform. Voraussetzung hierfür ist der Gedankenaustausch, die Diskussion mit auch musiktheoretisch kenntnisreichen Persönlichkeiten. Vor allem der Schweizer Komponist Othmar Schoeck[139] wird hier zu einem der wichtigsten Gesprächspartner Hesses. Zu Hesses Gaienhofener Musikerfreunden zählen neben Schoeck der Komponist und Dirigent des Berner Orchesters Fritz Brun[140], Konzertdirektor Alphonse Brun[141], Kammersängerin Ilona Durigo[142] sowie der Kapellmeister und Komponist Dr. Hermann Suter[143].

Ausdruck findet die Hinwendung zur Musik in Hesses Schrift „An einen Musiker". Hier geht er auf die große Bedeutung der Musik und der Auseinandersetzung mit den Musikerfreunden für sein künstlerisches Schaffen ein: „Die Freundschaften und Begegnungen mit Komponisten, Dirigenten, Virtuosen, Sängern und Sängerinnen gehörten unentbehrlich mit zu meinem musikalischen Leben und meiner musikalischen Erziehung, und wenn ich heute an gewisse, im Erinnern besonders aufleuchtende Konzerte in Festsaal oder Kirche zurückdenke, so höre ich nicht nur die Musik wieder mit der besonderen Stimmung und Temperatur jener Stunden, nein ich sehe auch die rührende Gestalt Dinu Lipattis, die vornehme Paderewskis, die geschmeidige Sarasates, die aufleuchtenden Augen von Schoeck (. . .)"[144]

Musik bleibt für Hesse nicht das auf den reinen Hörgenuß reduzierte Erlebnis, in das „Ereignis Musik" bezieht er alle Sinne mit ein: Er „erlebt" Musik.

Nur folgerichtig ist die Entwicklung, wenn diese Hinwendung auch künstlerischen Niederschlag in Hesses Literatur findet: 1910 veröffentlicht er den Musikerroman „Gertrud", in dem er bekennt: „Daß überhaupt Musik in der Welt ist, daß ein Mensch zuzeiten bis ins Herz von Takten bewegt und von Harmonien durchflutet werden kann, das hat für mich immer wieder einen tiefen Trost und eine Rechtfertigung alles Lebens bedeutet (. . .) sie nimmt von allen deinen Kräften und Bewegungen Besitz – und für die Augenblicke, die sie in dir lebt, löscht sie alles Zufällige, Böse, Rohe, Traurige in dir aus, läßt die Welt mitklingen, macht das Schwere leicht und das Starre beflügelt."[145]

Die Verinnerlichung von Musik findet, nicht nur im übertragenen Sinne, sondern auch ganz konkret, immer wieder Eingang in sein literarisches Werk bis hin zum „Glasperlenspiel", dem zentralen Werk im Schaffen des Hermann Hesse. Dort schreibt er im zunächst unveröffentlichten „Vierten Lebenslauf Josef Knechts": „Der Musik ist eine Urkraft und ein tiefer Heilzauber eigen, mehr noch als alle anderen Künste vermag sie die Natur zu ersetzen."[146]

Mit dieser Aussage bringt Hesse zwei für sich zentrale, wichtige Begriffe zusammen, Natur und Musik: „Dem, der Zerstreuung, der Sammlung und Meditation in der Natur sucht und findet, vermag die Musik nahezu die Wirkung der Natur zu ersetzen."

Für den Komponisten Dr. Alfred Schlenker[147] schreibt Hesse im Jahre 1910 sogar das Libretto einer lyrischen Oper in drei Akten: „Die Flüchtlinge" – eine große Wertschätzung Hesses für dessen kompositorische Arbeit, die er 1950 in seiner „Gedenkrede für Alfred Schlenker" nochmals bestätigt: „Und so entstand der Operntext ‚Die Flüchtlinge', hingeworfen mit seiner ahnungslosen Frechheit, wie man sie nur in der sorglosen Jugend und in der anregenden Luft einer lebhaften Freundschaft besitzt." Alfred Schlenker ist es auch, der Hermann Hesse mit dem jungen Komponisten Othmar Schoeck zusammenbringen wird – eine Begegnung, die prägend werden und zur lebenslangen Künstlerfreundschaft führen soll.

Über die literarischen Beziehungen Hesses in der Gaienhofener Zeit wie auch seine politische Geisteshaltung gibt der Text „Erinnerungen an Conrad Haußmann"[148] Auskunft: „Unter den literarischen Beziehungen, die sich mir in jenen Jahren anspannten, war eine der lebendigsten die zum Münchner ‚Simplicissimus'. Und nachdem eines Tages der Verleger Albert Langen und Ludwig Thoma mich am Bodensee besucht hatten, wurde eine Freundschaft und ein dauernder Verkehr daraus (. . .) Damit hatte ich zum erstenmal im Leben eine Art von Beziehung zum politischen Leben gewonnen, insofern der ‚Simplicissimus' ein politisches Witzblatt war, und wenn ich auch als Mitarbeiter nur dichterische Beiträge gab, so spürte ich doch den Geist der Kritik, des Spotts und oft der Erbitterung (. . .)"

Im September 1907 zieht die Familie Hesse aus dem Bauernhaus am Gaienhofener Kirchplatz in das selbstgebaute Haus „Am Erlenloh": „Das Haus war bequemer und größer als das verlassene (. . .) Es war ein Kind da, und solche Luxuseinrichtungen wie eine Badewanne und ein Badeofen schienen uns jetzt nicht mehr ganz so entbehrlich wie vor drei Jahren (. . .) Wir brauchten das Wasser nicht mehr wie bisher vom Brunnen her zu tragen, es gab eine Wasserleitung im Haus, und unterm Boden einen Wein- und Obstkeller und eine Dunkelkammer für die Fotografien meiner Frau."[149]

In Gaienhofen entstehen, zumindest teilweise, der Roman „Un-

Hesse und seine Frau Mia am Untersee bei Gaienhofen, um 1909

term Rad" (1906), die Erzählbände „Diesseits" (1907) und „Nachbarn" (1908), der Roman „Gertrud" (1910) sowie der Erzählband „Umwege" (1912).

Der zweite große Roman nach „Peter Camenzind", den Hesse während seiner Gaienhofener Zeit und zum Teil in Calw schreibt, ist „Unterm Rad". Ein Roman, der „rein nur aus dem Bedürfnis entstanden [ist], mir ein wichtiges Stück der eigenen Jugendzeit konzentriert vorzustellen".[150]

Hesse ist die seltene Fähigkeit gegeben, individuell Erlebtes und Erfahrenes so auszudrücken, daß es allgemeingültig nachempfunden werden kann, daß der Leser sich in den Texten wiederfindet. Wilhelm Schäfer, der frühe Förderer des Dichters, schreibt etwa nach der Lektüre von „Diesseits" über eben diese Einmaligkeit: „Hesses Vorzüge liegen in einer unübertrefflichen Kunst, landschaftliche Schilderungen so zu geben, daß wir selber in die geschilderte Natur hineingeraten; sie nicht nur erleben in all ihrer rätselvollen Pracht, sondern ganz in sie versinken als ein Teil von ihr: weil er nicht eigentlich schildert, sondern Erlebnisse seiner Seele in der Landschaft uns wahrhaft zu suggerieren vermag."[151]

92

Hesse mit Sohn Bruno bei der Gartenarbeit in Gaienhofen, um 1909

Wieder wird hier ein Bogen aufgezeigt, der sich konsequent durch das Leben von Hermann Hesse zieht: die Hingezogenheit und Hinwendung zur Natur, die ihm, wie die Musik, nicht nur Erholungsort, sondern Ruhe- und Ausgangspunkt für sein Schaffen darstellt.

Der Sohn Bruno Hesse erinnert sich[152] ebenfalls an diese Naturverbundenheit als Ausgangspunkt seines Vaters für viele literarische Werke: „Die Natur und auch die Gartenarbeit waren für Vater eine ideale Abwechslung zu seiner Schreibarbeit. Er faßte die Gartenarbeit und die Beschäftigung mit der Natur als Meditation auf, ihm war der Garten ein Ort, an dem er Kräfte und Gedanken für seine Werke sammeln konnte (. . .) Immer zeigte er mir schöne Dinge in der Natur, die mir erst dadurch recht bewußt wurden. Einmal, im Garten, meinte Vater zu mir: ‚Schau, das Jäten finden die meisten Leute sehr langweilig. Mir aber ist es gar nicht langweilig. Es ist dem Meditieren sehr förderlich, grad weil es keine besondere Aufmerksamkeit erfordert. Die Hände sind beschäftigt, aber der Geist ist frei. Ein großer Teil des Glasperlenspieles ist so beim Jäten entstanden.' "

Aber auch selbst äußert sich Hermann Hesse oft über seine Tätigkeit im Garten, schon während der Zeit in Gaienhofen. So in einem Brief an Ludwig Renner vom 24.11.1910: „Im Garten arbeite ich noch täglich, der Sandweg ist vorwärtsgediehen und alles umgegraben, zum Teil mit Mist, die Bäumchen sind möglichst gegen Hasen geschützt und fürs nächste Jahr ein berückender neuer Blumenplan entworfen (. . .)"[153]. Oder in einem Brief an Conrad Haußmann vom 28. November 1910: „Das Schreiben fällt mir schwer; ich habe heut, nach Erledigung des letzten Bücherartikels, den ganzen Tag Gülle getragen!"[154]

Hesse besitzt in Gaienhofen bei seinem Eigenheim einen eigenen Garten. Dort findet man ihn beim Salat- und Bohnensäen oder beim Düngen. Wichtig aber ist: Er tut diese Arbeit nicht, weil sie gemacht werden muß, sondern er nützt die Zeit im Garten, um bei der Arbeit nachzudenken, um sein Werk gedanklich voranzutreiben. Die Abläufe der Natur begreift er als Beispiel für sich und sein Leben, für das Leben überhaupt: das Absterben und das Neuerstehen, junge Pflanzen werden mit den Resten ihrer Vorgänger gedüngt und nehmen diese Kraft auf, um zu gedeihen.

Gerade in Gaienhofen, abseits verkehrsmäßig einigermaßen erschlossener Landschaften, hat Hermann Hesse die Muße, sich mit der Natur, mit ihren Eigenheiten und Entsprechungen in eines jeden Menschen Leben ohne Ablenkung auseinanderzusetzen. Später, in Bern, während seiner Tätigkeit für die Kriegsgefangenenfürsorge, wird für solche Mußestunden weit weniger Zeit bleiben.

Überarbeitung und immer wieder Zweifel am Wert der eigenen Kunst machen Hesse permanent zu schaffen: „Was von Gehirn und Augenkraft bleibt, geht fast alles für Arbeiten drauf, an deren Wert ich häufig grimmig zweifle", schreibt er bereits 1908.[155] Immer wieder zieht es ihn hinaus, Ausbruchsversuche aus der Festgefahrenheit der Umstände, die er immer mehr als drückend empfindet. Man werde unbeweglich, wenn man kleine Kinder hat, schreibt er am 18. April 1904 an Franz Gintzkey. Und: „Nur manchmal muß ich wieder rasch verreisen, mich in ein paar fremden Städten herumtreiben und ein paar närrische Nächte verzechen, und dazwischen beherrscht mich ein ganz komisches Gefühl von der Wun-

*Reise nach Italien: mit Othmar Schoeck auf dem Schiefen Turm
von Pisa, 1911*

derlichkeit des Lebens – wenn ich das ausdrücken könnte, dann
hätte meine Dichterei einen Sinn."[156]

Hinzu kommt, daß Mia und Hermann Hesse anfangen, ihre eigenen Wege zu gehen. Sie widmet sich Haushalt und Kindern, er
pflegt dagegen den großen Freundeskreis mit Malern und Musikern. Er wendet sich mehr und mehr der Zurückgezogenheit im
Schreiben und der Gartenarbeit zu und bricht von Zeit zu Zeit aus
der Fassade der Festgefahrenheit aus, indem er verreist. Er geht zur
Kur nach Badenweiler – bis ins hohe Alter wird er immer wieder
zur Kur fahren, ab 1923 allerdings nach Baden im Aargau. Die Aufenthalte dort beschreibt er in einem Brief an einen „Lieben Freund",
der als Erzählung „Der Kurgast" veröffentlicht wird, in feiner Selbst-
ironie: „Du wirst verwundert lachen, und ich selber tue es auch,
sooft ich dazu komme, mir meine Lage zu überlegen (. . .) Du weißt,
ich bin geborener Schwarzwälder, und als ich ein kleiner Bub war,
habe ich mir die vielen Kurgäste, die im Sommer zu uns kamen und
die wir Luftschnapper hießen, oft mit Verwunderung und Verachtung angesehen. Und jetzt bin ich selber ein Luftschnapper, steige
vorsichtig in anständiger Kleidung auf den sauberen Waldwegen
einher, ruhe nachmittags stundenlang auf dem geflochtenen Lie-

95

Hesse mit Sohn Bruno bei einem Kuraufenthalt in Baden, undatiert

gestuhl im Hotelgarten, sehe den arbeitenden Bauern mit Neid und Langeweile zu und mache wahrscheinlich dasselbe matte und etwas hilflose Gesicht, wegen dessen ich einst als Bub alle Luftschnapper für Idioten ansah."[157]

Seinem Vater gegenüber analysiert er[158] den Wert eines solchen Kuraufenthaltes für sich: „Intellektuelle Menschen mit gesteigerter Sensibilität und feiner verzweigter Individualität kann auch der klügste Arzt nur teilweise fassen und erraten, zumal bei Künstlern, Dichtern usw. (. . .) Eine ‚Heilung‘ versprach ich mir von Anfang an nicht, ich will ja nicht aus meiner Haut und Seele, aber zu lernen und zu gewinnen hoffe ich dabei doch mancherlei."

Das Einsehen, zwar einen gewissen schriftstellerischen Erfolg erreicht zu haben, dafür aber eingezwungen zu sein in Familienverhältnisse und ein Dasein als Bürger und Hausbesitzer, bringt Selbstzweifel und depressive Phasen mit sich. Am 31. Juli 1907 schreibt Hesse an Josef Victor Widmann[159]: „Das dreißigste Jahr, in dem ich stehe, hat mir eine heftige Krise gebracht, zunächst körperlich mit Kranksein, Kur und langsamer Heilung, dann aber auch innerlich." Noch im selben Jahr geht Hesse für vier Wochen auf den „Monte Verita", wo Henri Odenkoven, ein belgischer Industriellensohn, und die Österreicherin Ida Hofmann eine vegetarische Kolonie um sich sammeln: Fluchtpunkt von Außenseitern vor der wachsenden Industrialisierung und Technisierung. Hesse beschreibt diese Außenseitergruppe in seiner Erzählung „Dr. Knölges Ende"[160]: „Da gab es Vegetarier, Vegetarianer, Vegetabilisten, Rohkostler, deren Bestrebungen eine Art von vegetarischem Zionismus waren (. . .) Die meisten dieser in Europa und Amerika entgleisten Menschen trugen als einziges Laster die so vielen Vegetariern eigene Arbeitsscheu mit sich."

Es ist eine Suche, die ihn auf den „Monte Verita" zu der Gruppe der Alternativen getrieben hat. Daß dieses Experiment nicht den Erfolg für Hesse zeitigt, den er sich ursprünglich wünschte, zeigt ein Auszug aus seinem Text „In den Felsen. Notizen eines Naturmenschen"[161]: „Zwar habe ich die Überzeugung gewonnen, daß eine Regeneration unserer Völker und ihres gesamten Lebens möglich wäre durch Früchtenahrung und Annäherung an das Nacktleben. Doch hatte ich solche Erkenntnisse nicht gesucht und rechne sie zu den leiblichen Erfahrungen. Geistige habe ich nicht gemacht."

Eine Forderung nach der „Regeneration unserer Völker und ihres gesamten Lebens" spricht aus diesem Text, eine vorweggenommene Ahnung, wohin Technisierung und Industrialisierung, zunehmende Verbürokratisierung auch, führen können. Und die Sehnsucht der Menschen bis heute, Zuflucht vor diesen Entwicklungen in der Annäherung an die Natur zu finden. Ein Wunsch, den Hesse sich durch sein Monte-Verita-Experiment nicht erfüllen kann, das ist seine Erfahrung aus dieser Zeit.

Es stellt sich nochmals eine vermeintliche Besserung der Lebensumstände ein, noch immer versucht Hesse, sich in die gegebenen Lebensumstände zu fügen: „Dabei sieht es aber in unsrem Haus und Leben ganz freundlich aus, Frau und Bub sind munter und gedeihen, und auch ich bin wohler als letztes Jahr. Aber ich habe mir das Glück als Junge anders vorgestellt und bin nun immer noch dumm unzufrieden, daß es mir in etwas anderer Fasson verabreicht wurde, als ich geträumt hatte."[162]

Hesse baut sich also im Jahre 1907 sein eigenes Haus, etwas außerhalb des Bodensee-Dorfes, am „Erlenloh", mit Blick über den See. Der ihm von Basel her bekannte Architekt Hans Hindermann aus dem schweizerischen Steckborn entwirft die Baupläne. Um „rasche Bearbeitung" bittet Hesse in seinem handschriftlichen Baugesuch an das großherzogliche Bezirksamt Konstanz vom 19. Januar 1907, das er auf einem Briefbogen der Zeitschrift „März", deren Mitherausgeber er ist, einreicht. In diesem Baugesuch schreibt Hesse[163]: „Unter gleichzeitiger Einsendung der von Herrn H. Hindermann gefertigten Pläne ersuche ich um die amtliche Genehmigung des geplanten Neubaus. Da ich meine jetzige Wohnung im Sommer räumen muß, steht mir nur eine ziemlich kurze Zeit zum Bauen zur Verfügung. Darum wäre ich dem grossherzoglichen Bezirksamt für freundliche baldige Erledigung sehr dankbar. Hochachtungsvoll Hermann Hesse."

Bald darauf bezieht der Dichter mit seiner Familie zum ersten und einzigen Mal in seinem Leben ein in seinem Besitz befindliches Eigenheim.

Neben den familiären Zwängen beginnen auch die Besuche von all zu vielen Interessierten Hesse zu belasten. Er wehrt sich brieflich gegen „jedermanns" Besuch. Was in späteren Zeiten, in Montagnola, dazu führen soll, daß er an sein Gartentor ein Schild mit der Aufschrift „Bitte keine Besuche" anbringen läßt, versteht er lediglich als Abwehr von Aufdringlichkeiten. Besuche von Gästen, auf deren Meinung er Wert legt und mit denen er Gespräche sucht, sind ihm weiter und immer willkommen. Otto Kimmig[164] gegenüber, mit dem er wegen Vorarbeiten zu der Erzählung „Die Belagerung von Kremma" in Kontakt ist, begründet er seine Zurückgezogenheit wie folgt: „Ich erzähle zwar jedermann, daß mir Besuche greulich seien, aber das ist Notwehr gegen die Affen, die einem aus purer Naseweisheit ins Haus laufen, und soll gerade den lieben, willkommenen Besuchen zugut kommen."[165]

Die Belastung durch Briefe, durch die zu rezensierenden Bücher – jährlich über 300 –, die Arbeit am „März", „manche Reisen, Krankheit, Frau und Kinder, schließlich der Garten", führen Hesse zu der Erkenntnis, daß „eine publizistische Arbeit mit höheren erzie-

ARCHITEKTONISCHE RUNDSCHAU

2. Beilage zu Heft 1. 1909 — Alleinige Inseratenannahme bei Rudolf Mosse, Annoncen-Expedition für sämtliche Zeitungen Deutschlands und des Auslandes, Stuttgart, Berlin, Breslau, Dresden, Düsseldorf, Frankfurt a. M., Hamburg, Köln, Leipzig, Magdeburg, München, Nürnberg, Prag, Straßburg, Wien, Zürich — Insertionspreis 25 Pf. für die □ viergespaltene Petitzeile □

Zwei Dichterwohnungen am Bodensee.

Die Landschaft des Untersees übt durch ihre ruhige freundliche Schönheit große Anziehungskraft aus auf geistig arbeitende Menschen, die dem Stadtgetriebe den Rücken kehren. So sind in neuerer Zeit verschiedene Gruppen von Ansiedlungen an verschiedenen Punkten des Sees entstanden, darunter im Sommer 1907 die Wohnhäuser der Schriftsteller H. Hesse und L. Finckh in Gaienhofen.

Das Haus an den gegen den Wald aufsteigenden, mit Wiesen und Obstbäumen bestellten Hängen. Man übersieht von dort die ganze Seefläche gegen die Reichenau und Konstanz nach Osten und bis gegen den Rheinausfluß nach Südwesten. Auf diese bevorzugte Lage ist in der Einteilung der Grundrisse Rücksicht genommen, indem das große Wohnzimmer des Erdgeschosses und das Arbeits- und Bibliothekzimmer im ersten Stock nach Südosten gelegt sind. Beide gewähren den Austritt auf Veranda und Terrasse. Die übrigen Wohn- und Schlafzimmer haben Süd- und Ostbeleuchtung, alle Nebenräume und die Treppe liegen nach Westen und Norden. Alle diese Räume sind in einfachster Art ausgestattet. Das Wohnzimmer erhielt eine einfache braune Täfelung und wurde zu einem früher entworfenen in hellem Eichenholz ausgeführten Mobiliar gestimmt; die Hauptzierde bildet der große Kachelofen. Das Bibliothekzimmer konnte mit eingebauten Büchergestellen und Schränken ausgestattet werden.

Das Äußere des Hauses findet seine Vorbilder am ehesten in einem der gemütlichen Haustypen der Ostschweiz. Das Keller- und Erdgeschoß sind massiv, das Obergeschoß ist in Fachwerk ausgeführt und mit einem Holzschindelschirm verkleidet, den das weit ausladende Dach schützt. In den Farben ist alles Grelle vermieden. Das Erdgeschoß ist ohne Zusatz von Farbe rauh verputzt, das Obergeschoß erhielt graugrünen Anstrich. Nur die grünen Läden und die weißen Fensterkreuze heben sich kräftig hervor. Das Dachgesims und das Holzwerk der Veranda sind in sattem dunklen Braun gehalten und teilweise mit weißen Ornamenten verziert.

Das Haus L. Finckh schaut in ein kleines Wiesentälchen, das mit Pappeln und Birken bestanden ist und dessen Bächlein weiter unten einen kleinen schilfumwachsenen Weiher bildet. Darüber hinaus öffnet sich ein Blick auf den See und das gegenüber Gaienhofen gelegene Steckborn. Das Haus steht an Stelle eines kleinen abgebrannten Bauernhäuschens und ist ganz in den landesgewohnten Bauformen ausgeführt worden. Der Spitzgiebel, dessen Fenster und Läden in kräftigen grellen Farben in dem

Haus des Herrn Hermann Hesse in Gaienhofen.
Architekt: H. Hindermann in Steckborn.
Nordostseite.

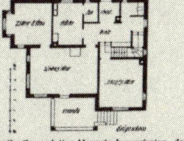 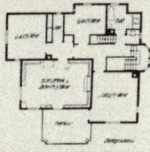

hellgelben glatten Verputz hervortreten, das hohe Dach mit dem Treppenturm in Fachwerk bilden eine harmonische Erscheinung in der stimmungsvollen Umgebung.

Im Innern wurde besonders die große, durch einen Schrankeinbau geteilte Wohnstube gemütlich ausgebildet. Wände und Decke wurden mit hellbraun gebeiztem Tannenholz getäfelt, der Fußboden in Tannenriemen mit Eichenfriesen ausgeführt. Besonders stattlich nimmt sich der große Kachelofen mit -Chunst- aus, der von der Küche bezw. vom Herd aus geheizt wird. Das Mobiliar ist teils alt, teils in bäuerlichen Formen neu entworfen. Im Obergeschoß wurden die Dachschrägen überall für Wandschränke ausgenützt, was die Zimmer besonders wohnlich macht. Im Giebel ist gegen Süden noch ein freundliches Zimmer ausgebaut, von dem aus der See weit überblickt werden kann.

Beide Häuser wurden durchweg von den in der Gegend ansässigen Handwerkern ausgeführt. Die Baukosten stellen sich bei beiden auf 24,30 Mk. für den Kubikmeter umbauten Raumes vom Kellerboden bis zum Dach- bezw. Kehlgebälk gemessen. Die Einbauten sind in der Bausumme inbegriffen.

Bücherbesprechungen.

Der Römer und die neuen Rathausbauten in Frankfurt a. M. Mit 37 Abbildungen und 2 Grundrissen im Auftrag des Magistrats geschildert von Dr. Hermann Traut. Frankfurt a. M., Druck von Gebr. Knauer. Preis 1 Mk.

Die Geschichte des Dachwerks, erläutert an einer großen Anzahl mustergültiger alter Konstruktionen. Von Friedrich Ostendorf, Professor an der Technischen Hochschule zu Karlsruhe. Mit vielen Abbildungen im Text. Verlag von B. G. Teubner, Leipzig und Berlin, 1908. Preis 28 Mk.

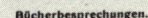

Haus des Herrn Hermann Hesse in Gaienhofen.
Nordwestseite.
Architekt: H. Hindermann in Steckborn.

Beschreibung von Hesses Gaienhofener Haus „Am Erlenloh" in der „Architektonischen Rundschau", 1909

herischen Absichten nur Erfolg haben kann, wenn man Bedürfnissen entgegenkommt. Danach habe ich allmählich meine ganze kritische Arbeit gerichtet. Ich kritisiere nie, das dient niemandem, dafür wähle ich aus meiner Lektüre von Zeit zu Zeit das Beste und suche es ernstlich zu empfehlen."[166] Noch weiter geht er in einem Brief an Ludwig Renner, wenn er den eigentlichen Grund seiner künstlerischen Tätigkeit umreißt: „(...) es gibt im Leben gar nichts andres zu Erstrebendes als das Gefühl der Musik, das Gefühl des Mitschwingens und rhythmischen Lebens, der harmonischen Berechtigung zum Dasein."[167]

Während der Gaienhofener Zeit werden Hesses Söhne Bruno 1905 und Heiner 1909 sowie Martin 1911 geboren. In der Familie Hesse geht es zu wie in jeder Familie mit mehreren Kindern: „Die Kinder sind wohl und machen viel Lärm, Heinerli spricht schon ein wenig und ist arg drollig, Butzi ist viel unartig und fängt nun so allmählich auch das Lügen an. Neulich warf er dem Kleinen einen Stein an den Kopf, der eine feste Beule gab, und behauptete nachher, der Wind habe den Stein so geblasen", schreibt Hesse seinem Vater.[168]

Wie ernst Hesse selbst seine Aufgabe als Vater und Erzieher nimmt, zeigt eine weitere Passage aus demselben Brief: „Ich sehe dem mit Verwunderung zu und fühle meine Unfähigkeit zum Erzieher sehr, neige aber nicht zum vielen Strafen und Einschüchtern und empfinde die Nötigung der Ethiker, an die Erbsünde zu glauben, die mir rein philosophisch ganz unmöglich scheint. Jedenfalls halte ich ein zu frühes Brechen der Unbefangenheit für falsch, obwohl ich freilich gern einen etwas bräveren Sohn besäße. Sooft ich an manche meiner Lehrer denke, die aus wirklich harmlosen, ja gutartigen Bagatellen Kriminalfälle machten, wird ein Dreinfahren mir unmöglich."

Erinnert man sich der Kindheit von Hermann Hesse, so mag einen die Liberalität, mit der er nun die Erziehung seiner Söhne angeht, nicht verwundern. Eher schon der Ton, in dem er jetzt mit seinem Vater über solche Probleme spricht – mit dem Vater, dem er selbst als Fünfzehnjähriger aus der Nervenheilanstalt Stetten, in die er gesteckt worden war, weil er gegen die Erziehung namentlich durch seinen Vater revoltierte, geschrieben hatte, er solle ihm fünf Mark oder gleich einen Revolver schicken, damit er sich „seiner entledige"

Hermann Hesse unternimmt während seiner Gaienhofener Zeit zahlreiche Vortragsreisen, darunter auch eine nach Norddeutschland. Er nutzt die Gelegenheit zu einem Besuch bei dem von ihm verehrten, damals 78jährigen Dichter Wilhelm Raabe. „So wie dieser alte Mann in seinem Wesen, in seinen Büchern, in seinem Blick und Wort das Beste einer dahingehenden, ja einer schon dahingegangenen Welt darstellte und noch für eine kurze Weile aufbewahrte (. . .), so war auch sein Ruhm, seine Art von Namen und Berühmtheit von einer ganz andern, edlern, harmlosern, unschuldigern und zugleich ehrwürdigern Art als unsere modische Berühmtheit", gedenkt Hesse 1933 in seinem Text „Besuch bei einem Dichter" der Augenblicke, die er mit Wilhelm Raabe verbrachte. Er sucht den Dichter nach einer Lesung in Braunschweig auf. Vorher, Anfang November 1909, hat er schriftlich angefragt[169], ob er einen Besuch bei ihm wagen könne. Hesse legt Wert darauf, daß er nicht als „Kollege und Literat" kommen wolle, sondern einfach als „treuer Leser und Verehrer ihrer lieben Bücher". Hesse scheut keinesfalls, obwohl er sich eher zu Musikern und Malern hingezogen fühlt, den Kontakt zu Dichtern; er sucht diesen Kontakt sogar, aber eben nicht als „Literat und Kollege", sondern als Leser.

Je länger die Familie Hesse so relativ gut situiert in Gaienhofen lebt, umso mehr wird Hermann Hesse seines scheinbar endgültigen Lebens als bürgerlicher Hausbesitzer und Familienvater überdrüssig: „Nun sind die sogenannten Nerven eben immer im alten Stadium, und Unzufriedenheit, Einsamkeit und Schwermut werden immer drückender und körperlicher, so daß die meisten Tage schwer zu ertragen sind. Reisen hilft wenig – ich war dies Jahr volle fünf Monate weg", umschreibt er seinen psychischen Zustand im Dezember 1909.[170]

Durch vermehrtes Reisen und viele Wanderungen versucht er, wenigstens zeitweise auszubrechen. So kommt er 1911 bereits zum vierten Mal nach Italien.

„Ich gäbe meine linke Hand dafür, wenn ich wieder ein armer froher Junggesell wäre, der nichts hat als zwanzig Bücher, ein paar Reservestiefel und eine Schachtel voll heimlicher Gedichte. So aber bin ich eben ein Familienvater, Hausbesitzer und allzu beliebter Autor (. . .)", umreißt er seine Situation fast selbstironisch.[171] In dem Text „Reiselust" drückt er es noch deutlicher aus: „Im vergangenen Jahre war ich sechs Monate auf Reisen, im vorhergehenden fünf

Monate, und eigentlich ist das für einen Familienvater, Landmann und Gärtner ziemlich reichlich, und als ich neulich das letztemal heimkehrte, nachdem ich unterwegs in der Fremde krank geworden, operiert worden und eine gute Weile gelegen war, da schien es mir an der Zeit, nun für lange hinaus, wenn nicht für ewig, Frieden zu schließen und heimisch häuslich zu werden. Allein kaum war die ärgste Abmagerung und Müdigkeit zur Not überwunden und ersetzt, kaum hatte ich mich wieder ein paar Wochen mit Büchern befaßt und Schreibpapier verbraucht, da schien eines Tages die Sonne wieder so unheimlich gelb und jung auf die alte Landstraße, und über den See lief ein schwarzer Nachen mit einem großen, schneeweißen Segel, und ich bedachte die Kürze des Menschenlebens, und plötzlich war von allen Vorsätzen und Wünschen und Erkenntnissen nichts mehr da als eine ganz echte, unheilbare, tolle Reiselust."[172]

Hesse denkt aber noch nicht daran, sich von der Familie zu trennen. Aus Spoleto in Italien schreibt er seiner Frau Mia im April 1911 einen Brief, in dem er sich einen Aufenthalt mit Familie in der ihn bezaubernden italienischen Landschaft ausmalt. Er scheint noch geneigt, seine Unzufriedenheit nicht, zumindest nicht ausschließlich, bei sich selbst und der Familiensituation festmachen zu wollen, sondern an den äußeren Umständen und der Lebensweise in Gaienhofen, die ihn immer wieder hinaustreiben in die Welt. Ludwig Finckh bestätigt dies indirekt[173]: „Da zogen einmal die Sonnenbrüder durch unser Dorf, aus Askona, und Hesse, Feuer und Flamme für alles Neue, zog mit. Er blieb lange Zeit fort und kam dann wieder heim, spindeldürr, dunkelbraun und überaus reizbar; es mochte wohl an einem Sonnenstich heruntergegangen sein im sonnigen Tessin, man mußte ihn sanft behandeln, er brauste leicht auf und – o Schreck! – er war reiner Vegetarier geworden! Er hatte nie viel zu sich genommen, er hatte einen Spatzenmagen – aber nun verabscheute er Fleisch und aß nur noch Pflanzliches. Er kasteite sich. Er übertrieb es – wie er alles, was er angriff, leidenschaftlich mit allen Konsequenzen durchführte."

Zu der Unzufriedenheit mit seiner Gaienhofener Existenz kommen noch langwierige und aufzehrende Briefwechsel mit Verleger S. Fischer hinzu, der Hesse vertraglich dauerhaft an seinen Verlag binden möchte. Hesse reagiert drastisch: „Warum soll ich mir, ohne den kleinsten Nutzen, die Hände binden für lange Jahre? Ich müßte ja ein Narr sein (...), der vorgeschlagene Kontrakt ist nichts als ein Opfer für mich: ich soll auf meine Freiheit verzichten, ohne daß jemand anderer als Sie davon Nutzen hat."[174]

Der Verleger scheint einzulenken, denn kurz darauf schreibt Hesse in wesentlich moderaterem Ton: „Lieber Herr Fischer! Danke für Ihren lieben Brief, der mich freut und der mir zeigt, daß Sie mich und meine Lage verstehen und mir gerecht zu werden bemüht sind!"[175]

Nach „seinem" Italien reist Hermann Hesse am liebsten, aber nicht allein um der Reiselust willen, nicht nur, um den häuslichen Verhältnissen zu entfliehen. Viele Betrachtungen und Gedichte zeugen von einer intensiven Auseinandersetzung mit dem auf diesen Reisen Gesehenen. Die Literatur des Altitalienischen beginnt ihn zu interessieren, und er eignet sich nach und nach diese Sprache an. Bald reichen seine Sprachkenntnisse so weit, daß er die Literatur selbst lesen und zum Teil auch übersetzen kann. So ist es keineswegs etwa ein Vorwand für weitere Reisen, wenn Hesse bereits 1904 schreibt: „Daß man von jedem Besuch in Italien ein unschätzbares inneres Kapital mitbringt, das sich auch äußerlich gut verzinst, dafür garantiere ich Ihnen völlig. Man holt sich da eine Frische und Freiheit und zugleich einen inneren Besitz an Freude und Schönheit, der alles aufwiegt."[176]

Den entschiedensten Ausbruchsversuch aus der Gaienhofener Bürgerlichkeit stellt der Entschluß Hesses dar, zusammen mit seinem Freund, dem Maler Hans Sturzenegger, eine Reise nach Hinterindien zu unternehmen. Einen Monat nach der Geburt seines dritten Sohnes Martin macht sich Hesse auf den Weg zu dieser Fahrt, an deren Ende der Entschluß vorprogrammiert scheint, den Wohnort Gaienhofen und das Eigenheim aufzugeben und mit der Familie nach Bern zu übersiedeln.

Zunächst soll also der Indienreise eine erneute Phase des Einfügens in die Verhältnisse und das gemeinsame Leben mit der Familie in Bern folgen, ein neuer Versuch, individuelles Künstlerleben und Bürgerlichkeit als Familienvater unter einen Hut zu bringen, diesmal in der Heimat der Frau, in der Nähe der schweizerischen Hauptstadt.

Noch während der Indien-Reise kündigt Hesse seine weitere Mitarbeit an der Zeitschrift „März" auf. „(...) ist für Euch der ,März' das Organ und der Ausdruck Eurer starken politischen Temperamente und Hoffnungen, während mir die Politik immer ein fremder Boden blieb (. . .)"[177], faßt er die Erkenntnis aus jahrelanger Mitherausgeber- und Autorenschaft zusammen – eine Tätigkeit, die ihm viel Kraft abverlangte, denn nie hat er ein Buch besprochen, das er nicht aus intensiver eigener Lektüre guten Gewissens empfehlen konnte. Nie veröffentlichte er einen literarischen Artikel – und für die Literatur war er zuständig im „März" –, ohne sich grundlegend mit dem Gegenstand der Veröffentlichung auseinandergesetzt zu haben.

Der ebenfalls in Gaienhofen seßhaft gewordene Freund Ludwig Finckh erlebt die Rückkehr Hesses aus Indien noch ungetrübt. Seine Beobachtungen bleiben in Oberflächlichkeiten hängen – erste Anzeichen einer Entfremdung zwischen den beiden Freunden: „Er kehrte von Indien zurück, nach wenigen Monden, gebräunt, hager, selber fast schon wie ein Inder anzuschauen, aber voll neuer Gedanken und Gesichte: ,Siddharte', er war für Indien von den Eltern her prädestiniert; und er brachte uns einen ganzen Koffer voll wunderbarer Geschenke mit, eine indische Flöte, einen Vogelkäfig, aus dünnen Stäbchen geflochten, kleine schwarze Ebenholzelefanten mit weißen Stoßzähnen und einen farbigen weißporzellanen Buddha – Heiligtümer – wie hatte er daran zu schleppen gehabt in der Sonnenhitze! Dazu unerschöpfliche Geschichten."[178]

Für Hesses eigene Situation hat sich durch den Indienaufenthalt zunächst nicht viel verändert. Lediglich vor sich her schien er die familiären Probleme geschoben zu haben. Zunächst hat er noch mit der Verarbeitung der Reiseerlebnisse zu tun. So berichtet er Ludwig Thoma am 6. Januar 1912: „Ich war gegangen, um den Urwald anzusehen, die Krokodile zu streicheln und Schmetterlinge zu fangen, und fand ganz nebenbei und ungesucht etwas viel Schöneres: die Chinesenstädte von Hinterindien und das chinesische Volk, das erste wirkliche Kulturvolk, das ich sah."[179] Auch hier stellt sich wieder, wie bei seinen Italienreisen, dieses Über-das-Persönliche-Hinaus ein, ein Phänomen, das eine Mitursache für die andauernde Akzeptanz seiner Werke bei einer solch großen Leserschaft, eben auch in den asiatischen Ländern, darstellt.

Die Reise Hermann Hesses nach Indien dauerte drei Monate und führte von Genua durch den Suezkanal über Aden, Colombo, Penang, Kuala Lumpur, Singapore, Djambi und Palaiang bis nach Palembang auf Sumatra: „An Völkern sah ich Malayen und Javaner,

Farbstiftzeichnung von Hermann Hesse

*Das Atelier von Alfred Schoeck, Othmar Schoecks Vater, in der
Villa Ruhheim (Aufnahme von 1992)*

Lieber Herr Schoeck

Es reicht mir blos zu einem kurzen Dank,
Ihr neues Büchlein kam grade zu meinem 65.
Geburtstag, und der beladt mich mit einem Berg
von Briefen.
                    Dass Sie damit an mich gedacht
und mich damit beschenkt haben, ist mir eine

Brief an Othmar Schoeck mit einem Aquarell-Bild von Hesse

106

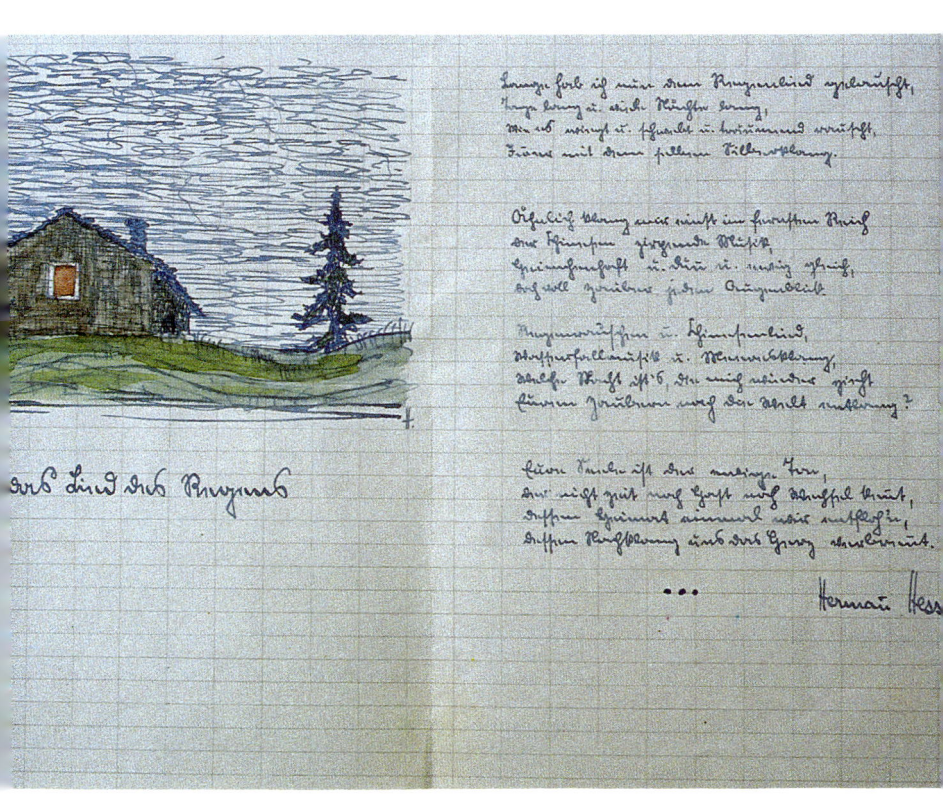

Gedicht „Das Lied des Regens" in einer Handschrift von Hermann Hesse,
versehen mit einer Zeichnung

Bilder und Jagdausrüstung von Alfred Schoeck in seinem Atelier in der Villa Ruhheim (Aufnahme von 1992)

Eine der süditalienischen Landschaften von Alfred Schoeck,
die Hesse besonders schätzte

Umschlaggestaltung von Hans Meid für die Erstausgabe der Erzählung
„Die Nürnberger Reise", 1927

Umschlaggestaltung von Hans Meid für die Erstausgabe des Romans
„Narziß und Goldmund", 1930

HERMANN HESSE

STUNDEN IM GARTEN

Eine Idylle

Illustriert von Gunter Böhmer

Büchergilde Gutenberg
Zürich

Diese von Gunter Böhmer illustrierte Ausgabe von Hesses Idylle
„Stunden im Garten" erschien 1936 in Zürich

HERMANN
HESSE

WEG
NACH
INNEN

S. FISCHER
VERLAG
BERLIN

HERMANN HESSE

Weg nach Innen

*SIDDHARTHA · KINDERSEELE · KLEIN UND
WAGNER · KLINGSORS LETZTER SOMMER*

Die in diesem Bande vereinigten Erzählungen gehören mit
zu den Reifsten und Schönsten Hessescher Prosadichtung
und der neueren deutschen Epik überhaupt. Sie sind alle
durch die doppelte Leidenskelter des Krieges und schwerer
persönlicher Anfechtung gegangen und haben dadurch ihren
tiefen Klang, ihre sehnsüchtige und weise Klarheit gewonnen.

S. FISCHER VERLAG · BERLIN

*Schutzumschlag der Erzählungssammlung „Weg nach Innen" mit einer
Aquarellzeichnung von Hermann Hesse, 1931*

113

Das Grab von Ninon und Hermann Hesse (Aufnahme von 1992)

Gedenkstein für Hermann Hesse in Montagnola, errichtet von der Gemeinde anläßlich seines 100. Geburtstags im Jahre 1977

Tessiner Landschaft. Aquarell von Hermann Hesse

Dorf im Tessin. Aquarell von Hermann Hesse

Haus im Tessin. Federzeichnung von Hermann Hesse

Umschlaggestaltung von Gunter Böhmer für die Erstausgabe der
Erzählungssammlung „Fabulierbuch", 1935

119

Brief von Gunter Böhmer an Hermann Hesse,
mit Aquarellbild illustriert, 1947

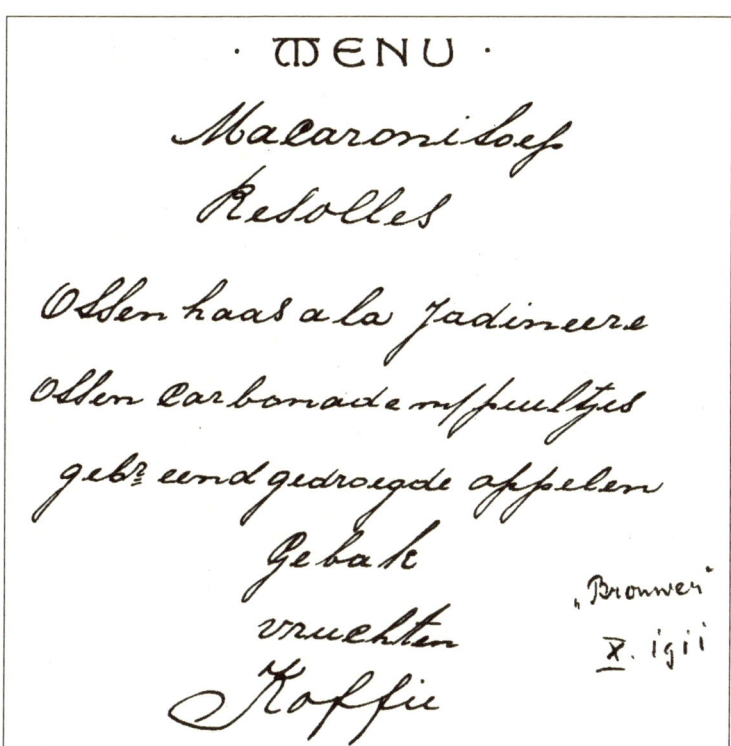

Menukarte des Passagierdampfers „Brouwer", Oktober 1911, die Hesse als
Souvenir von seiner Indienreise mitbrachte

Tamilen, Singhalesen, Japaner und Chinesen. Über letztere ist nur
Großes zu sagen: ein imponierendes Volk! Die Mehrzahl der andern sind arme Reste einer alten Paradiesmenschheit, die vom Westen korrumpiert und gefressen wird, liebe, gutartige, geschickte
und begabte Naturvölker, denen unsere Kultur den Garaus macht",
schreibt er über seine Eindrücke an Conrad Haußmann.[180]

Hesse, Kind einer Missionarsfamilie, die ihr Haupttätigkeitsfeld
gerade in Indien hatte, findet in den fernöstlichen Kulturen aber
auch Elemente, die sein eigenes künstlerisches und philosophisches
Denken beeinflussen, die auch prägend für sein weiteres Schaffen
bleiben sollen. „Der ganze Osten atmet Religion, wie der Westen
Vernunft und Technik atmet. Primitiv und jedem Zufall preisgege-
ben scheint das Seelenleben des Abendländers, verglichen mit der

121

geschirmten, gepflegten, vertrauensvollen Religiosität des Asiaten, er sei Buddhist oder Mohammedaner oder was immer."[181] Hesse erkennt, daß den Asiaten etwas eigen ist, was dem technikorientierten Abendländer abgeht. Und er findet das, was er bei seinen Experimenten mit den Alternativen nicht gefunden hat: Ihm wird klar, daß „Rettung und Fortbestand der europäischen Kultur nur möglich ist durch das Wiederfinden seelischer Lebenskunst und seelischen Gemeinbesitzes" – auch eine Lehre, die er aus den Eindrücken bei seiner Indienreise zieht.

Schon wenige Monate später hat ihn aber der Alltag in Gaienhofen wieder voll und ganz eingeholt, die Erinnerungen an Indien scheinen vordergründig vom täglichen Leben verdrängt zu werden.

Es bleibt kein Ausweg, als den Ort des Lebens zu wechseln: „Die Ewigkeit, für die wir gebaut hatten, dauerte nicht lange. Ich hatte Gaienhofen erschöpft, es war dort kein Leben mehr für mich", stellt Hesse rückblickend fest. Und „Mit der Zeit fanden sich zu den verschwiegenen inneren Gründen unserer Unzufriedenheit auch die äußeren, die zwischen Mann und Frau leicht diskutierbaren: ein zweiter und dritter Sohn war geboren, der älteste wurde schulpflichtig, meine Frau empfand zuweilen Heimweh nach der Schweiz und auch nach der Nähe einer Stadt, nach Freunden und nach Musik, und allmählich gewöhnten wir uns daran, unser Haus als verkäuflich und unser Gaienhofener Leben als eine Episode zu betrachten."[182] Die „familiären" Gründe, man hört es heraus, sind die vorgeschobenen.

Bereits im Jahr 1910 hat Hesse[183] seine Hingezogenheit nach Bern angedeutet. Fünf Jahre lebte die Familie Hesse in dem eigenen Heim am Bodenseeufer, und die Entscheidung des neuen Wohnortes fällt also auf Bern, die Hauptstadt der Schweiz.

Conrad Haußmann will Hesse noch überreden, seinen Wohnsitz in der Nähe von Stuttgart zu suchen. Hesse weist das Ansinnen zurück: seine Frau wolle nicht nach Schwaben. Er scheint zu resignieren, wenn er sagt: „Mir ist es einerlei, da ich das Gefühl habe, daß ich selbst doch nirgends anwachsen kann, so sollen wenigstens Frau und Kinder es versuchen."[184] Auch gesteht er ein, daß sich sein Verhältnis zur Familie mehr und mehr darauf beschränkt, „daß ich mich plage, das Geld für ihren Unterhalt zusammenzubringen".

Trotzdem möchte er an der Bindung zur Familie festhalten. Bern erscheint – nach dem mißlungenen Gaienhofen-Versuch – als ein neuer Kompromiß. Und Hesse scheint sich abzufinden mit der Situation eines Wandervogels: „(. . .) es litt ihn nicht mehr in der Enge des Dorfes, er brach die Zelte ab, verteilte seine Schätze", beschreibt Ludwig Finckh[185], fast wehmütig, den Weggang Hesses. Er selbst wird bleiben.

Trotz aller leidvollen Erfahrungen ergänzt Hesse in seinem Text „Untersee" fast ebenso wehmütig: „Die Landschaft des Untersees wird mir zeitlebens fehlen, es sprechen an wenigen Orten so stark wie hier zu jedem Fenster herein See und Wald, Himmel und Wiese zu mir. Ich weiß nicht, ob ich jemals wieder ein Studierzimmer finden werde, zu dem von allen Seiten eine so weite, lichte, unverdorbene Landschaft hereinschaut."[186]

VI

Brunnen und die Freundschaft zur Familie Schoeck

In Brunnen, dem Feriendorf am Vierwaldstätter See in der Schweiz, fühlt auch Hesse sich heimisch; hierher kommt er, um seine Freunde und insbesondere die Familie seines Musiker-Freundes, des Komponisten Othmar Schoeck, zu besuchen. Und von hier aus, von der Anhöhe, auf die der Gütschweg hinaufführt, hin zur Villa „Ruhheim", dem beeindruckend über dem Ort dominierenden Anwesen der Schoecks, mag auch er auf den See hinabgeblickt, mag auch er sich an seinen „Peter Camenzind" erinnert haben, den er schon während der Basler Zeit 1902/1903 geschrieben hat und für den er erste Studien an eben diesem Vierwaldstätter See unternahm:

„Villa Ruhheim", Domizil der Familie Schoeck in Brunnen/Schweiz am Vierwaldstätter See (Aufnahme von 1992)

„(. . .) ich sah die blaugrüne glatte Seebreite, mit kleinen Lichtern durchwirkt, in der Sonne liegen und im dichten Kranz um sie die jähen Berge, und in ihren höchsten Ritzen die blanken Schneescharten und kleinen, winzigen Wasserfälle, und an ihrem Fuß die schrägen, lichten Matten, mit Obstbäumen, Hütten und grauen Alpkühen besetzt.“[187]

Mit weit ausgebreiteten Armen und einem freundlichen Lachen begrüßen mich der Neffe von Othmar Schoeck, der Altphilologe Dr. Georg Schoeck, und Frau Elisabeth mit sieben Kindern, die heute die Villa bevölkern. Ein uns gemeinsam bekannter Maler, der auch schon hier oben zu Gast war, „wird Ihnen von dieser Welt, die immer noch einigermaßen greifbar existiert, erzählt haben – was wir haben, steht Ihnen offen“, hatte mir Georg Schoeck geschrieben. Und was ich vorfinde, übertrifft tatsächlich alle Erwartungen: Othmar Schoecks Neffe nimmt mich mit in das Haus, wo Hesse mit den Schoeck-Brüdern, mit dem Vater und den Onkeln dieses Georg, oftmals diskutierte; wir setzen uns um den alten Holztisch in jener Kammer, in der sie einst debattiert haben: Georg Schoeck und seine Frau haben Hesse-Briefe und Widmungs-Exemplare des Dichters herausgesucht. Bei einer Flasche Neuenburger Weines werden Erinnerungen wach, während im Hintergrund die Hausmusik der ältesten Kinder tönt, der jüngsten Schoeck-Generation. Georg Schoeck zeigt mir eine Zeichnung seines Onkels Othmar, die die Stube darstellt, in der wir sitzen – sie ist unverändert geblieben. Der Kachelofen ist auf dem Bild wiedergegeben, wie ich ihn heute vor mir sehe, die Zimmertür und das Ofenrohr. Ein anderes Bild des Großvaters, des Malers Alfred Schoeck, zeigt die Großmutter mit ihren Kindern, wie sie sich um den Tisch scharen. Um denselben Tisch, an dem wir, ein Jahrhundert später, sitzen. Die Decke des Zimmers ist rauchgeschwärzt „vom Zigarrenqualm durchzechter und durchdebattierter Nächte der Brüder Schoeck mit Hesse und anderen Freunden Anfang des Jahrhunderts“, erklärt mir Georg Schoeck mit einem Augenzwinkern.

Durch einen Hotel-Anbau befindet sich der Eingang zum Wohnbereich der Schoecks heute im Inneren des Gebäudes. Im oberen Stockwerk findet sich das Atelier des Großvaters – das Haus wurde konsequent nach Norden ausgerichtet, damit der Maler stets das günstige Nordlicht im Atelier hatte. Vor dem Atelier, über dem hohen Eingang, hängt ein riesiger, ausgestopfter Adler – Georg

Schoeck lacht: „Hier hat Hesse sich geirrt: Es handelt sich nicht um einen Kondor, wie er in seinen Erinnerungen schreibt, sondern um einen Adler." Dann das Atelier: Sie lassen es unverändert, und man ist versucht zu meinen, jeden Augenblick könnte der Großvater aus einer Nische an seine Staffelei treten, den Pinsel in der Hand, um die Farben zu mischen. An der Wand hängen noch die Gewehre, mit denen Alfred Schoeck sich auf Jagd- und Malreisen begab, und überall Bilder, großformatige Bilder. „Vorsicht, nicht auf den Teppich treten", warnt Georg Schoeck, „meine Großmutter hat den Wandteppich eigenhändig geknüpft. Wir haben nur keinen Platz, ihn aufzuhängen: Großvaters Bilder nehmen alle Wände für sich in Anspruch."

Er kümmert sich also um das Erbe einer einzigartigen Künstlerfamilie, zusammen mit seiner Frau. Gemeinsam edieren sie unbekannte Materialien, zu Othmar Schoecks 100. Geburtstag stellten sie die Dokumentation „Die Welt des jungen Othmar Schoeck" zusammen. Und immer wieder spielt Hermann Hesse eine Rolle. „Er war aus unserem Familienleben nicht wegzudenken", meint Georg Schoeck, „viel erzählten Vater und Onkel Othmar über den berühmten Gast."

Auch wenn er den Dichter nie persönlich kennenlernte, so war dieser doch immer präsent: Briefe wurden ausgetauscht, Hesse schickte Widmungsexemplare seiner neuesten Bücher, die diskutiert wurden, eines nahm der junge Georg sogar mit zum Militärdienst ins Tessin, von wo er es zerlesen und zerfleddert wieder mit heimbrachte: Heute noch sei gerade dieses Buch ihm eine liebe Erinnerung an schöne Lese-Erlebnisse.

Georg Schoeck wie auch seine Frau weisen mich auf Textstellen hin, in denen Hesse sich auf ihr Haus und die Familie des Großvaters bezieht: „Manche Male habe ich Freund Schoeck in seinem Elternhaus in Brunnen besucht oder bin von ihm dorthin mitgenommen worden. Da war sein Vater, ein heiterer alter Weiser, in seinem Atelier zurückgezogen lebend, ein stiller Künstler und ein Mann des Maßes und der Harmonie, ich habe ihn sehr geliebt und bewundert, und einst hat er mir von einem seiner süditalienischen Bilder, das ich besonders gerühmt hatte, eine Kopie gemacht und geschenkt; sie hängt in meinem Arbeitszimmer, nicht weit von den beiden kleinen Landschaften von Othmars Hand. Dann war da die Mutter Schoeck mit dem Falkenprofil und den leidenschaftlichen

127

Augen, eine besorgte alte Frau, aber zu manchen Stunden war sie beschwingt und feurig. Mehrmals hat sie mich beiseite genommen und mich innig beschwörend, voll Liebe und voll Sorge, über ihren Sohn ausgefragt, was ich von ihm, von seiner Begabung und von seiner Zukunft halte, und ob er nicht gar zu leichtsinnig lebe, sie sei oft sehr in Sorge um ihn. Und dann hörte sie zu, wie ich ihn lobte oder verteidigte, fühlte, wie ich an ihn glaubte, und begann in dem sorgenvollen Gesicht mehr und mehr zu strahlen (...) und nach den Mahlzeiten im kleinen ‚Stubli‘ saß man noch stundenlang in fürchterlichem Zigarrenqualm und stritt miteinander und schrie einander an in den heftigsten Diskussionen über Politik und über Religion und Kunst, es ging oft großartig wild zu, ängstlich schmiegte sich der Dachshund Waldi zu Ralphs Füßen, die schöne Katze mit dem Namen Lady saß unbekümmert (...) Im Schoeckschen Haus in Brunnen gab es außer den Menschen noch viel Schönes und Merkwürdiges zu sehen. Über dem Hotel und von seinem Betrieb vornehm distanziert hauste Vater Schoeck in den höchsten und prächtigsten Räumen des Hauses, umgeben von seinen Bildern und von den tausend Erinnerungsstücken, die er von seinen weiten Malerfahrten vor Jahrzehnten mitgebracht hatte. Gleich im Treppenhaus vor dem Eingang zum großen Atelier schwebte ein riesiger Kondor, den hatte er in Amerika geschossen, und im Atelier gab es ein stattliches Schrankgebäude, das enthielt in vielen, vielen Schubladen eine unendlich große Sammlung von Schmetterlingen aus allen Ländern. Vor allem aber waren da, in unerschöpflicher Fülle, Früchte eines stillen Fleißes und einer großzügigen Wanderleidenschaft und Weltneugierde, die Naturstudien von des Alten Hand, meisterhafte Studien aus vielen Ländern und Breitengraden, namentlich aber aus Süditalien und aus dem hohen Norden: Felsenküsten und farbige Hafensiedlungen auf den Lofoten, norwegische Fjorde, violett blühende nordische Heide. Inmitten dieser Sachen empfing uns zuweilen der alte Herr, die Mütze über dem weißen Haar, die hellen klugen Augen freundlich blickend, von uns und der Außenwelt nicht mehr erregbar, aber keineswegs weltfremd. Oft habe ich ihn an der Staffelei gesehen, sorgfältigst mit seiner Palette beschäftigt; manchmal blickte er über den blaugrünen See zum Urirotstock hinüber, dann mischte er wieder prüfend seine abgetönten Blau und Grau. Das Hotel unter ihm und die Welt unter ihm mochten ihren Gang gehen, er ging den seinen.“[188] So erinnert

128

Pension Olgiati

LICHTHORT SORENGO-LUGANO · TESSIN
ATMOSPHÄRISCH-DIÄTETISCHES ERHOLUNGSHEIM UND PENSION

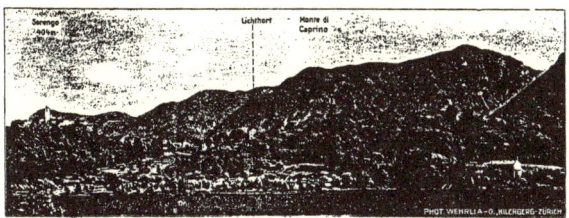

BESITZER UND LEITER: APOTHEKER H. WAGNER, IN DEUTSCHLAND APPROBIERT

SORENGO, DEN *Freitag Abend*
SCHWEIZ

[handschriftlicher Brief, schwer lesbar]

H. Hesse

Brief Hesses an Othmar Schoeck aus der Pension Olgiati in Sorengo

129

sich Hesse fünfundzwanzig Jahre später an seine Aufenthalte in
der Villa „Ruhheim" in Brunnen, dem Domizil der Familie
Schoeck.

Diese Familie Schoeck ist eine wahre Künstlerfamilie: Vater Alfred Schoeck[189] setzte sich früh gegen die Wünsche seiner Familie
nach einem „soliden Beruf" durch und vertauschte seinen Lehrplatz
in einem Kontor in Basel gegen die Tätigkeit im Atelier. Zwanzi-
gjährig ging er nach Genf und studierte bei François Diday Malerei. 1866 unternahm er eine Studienreise auf die Lofoten, Ende der
sechziger Jahre nach Ungarn und in die Dobrudscha, im Jahre 1873
über den Ozean nach Kanada. Viele Bilder, Skizzen und Zeichnungen, die auf diesen Reisen entstanden sind, lassen noch heute
„fast körperlich spürbar die Stille, den Sturm und die Weite des Ho-
rizonts" erfahren, drückte es der Freund der Familie Schoeck und
auch Bekannte Hermann Hesses, Dr. Hermann Stieger, anläßlich
einer Ausstellung kenntnisreich aus.

Im Jahr 1876 ließ sich Alfred Schoeck in Brunnen am Vierwaldstätter See nieder und erbaute die Villa Ruhheim. 1899 wird das
Hotel Eden unterhalb der Villa angebaut, sicher Resultat der Herkunft seiner Ehefrau, die aus einer bekannten Hoteliersfamilie von
Brunnen stammt.

Als im August 1962 erstmals eine breite Werkauswahl des Malers
im Luzerner Kunstmuseum der Öffentlichkeit vorgestellt wurde,
schrieb der Schweizer Bundesrat Philipp Etter zu der Werkschau:
„Der Beschauer läßt sich von seinen Werken leicht gefangenneh-
men und geht mit (. . .) Daß er seine weiten Fahrten durch die Län-
der seiner Wahl mit Jagd und Fischfang zu verbinden wußte und
sein Heim mit kapitalen Trophäen zu füllen verstand, kann nicht
überraschen. Jagd und Fischfang stehen der Naturbetrachtung und
Naturverbundenheit ungleich näher als jene, die das Waidwerk und
seine Wunder nicht kennen."[190] Dr. Hermann Stieger, der die
Künstlerfamilie Schoeck wie wohl kein zweiter kannte, läßt über
das Werk von Vater Schoeck wissen: „Das Ursprüngliche ist
Schoecks Akademie gewesen (. . .) Rentiere im Nordlicht, Steilkü-
sten am Atlantik, sterbende Wälder, Sümpfe in Ungarn, Bäume und
Strauchwerk füllen die Leinwand. Ein Adler spannt die Schwingen
zum Gleitflug und gibt der Landschaft Maß und Größe (. . .) Die
Romantik als Stilelement verzieht sich immer mehr in die Vorder-
gründe sorgfältiger Ateliermalerei und erfüllt dort noch komposi-

Die Familie Schoeck im berühmten „Stubli", von links: Ralph, Paul, Vater Alfred, Walter sowie Mutter Agathe Schoeck, undatiert

torische Funktionen. Beherrschend aber bleibt das Erleben der Natur."[191]

Verheiratet war Alfred Schoeck mit Agathe Schoeck-Fassbind. Durch die Verbindung mit ihr wird Alfred Schoeck dauerhaft in Brunnen seßhaft. Vier Söhne werden den beiden in dem herrschaftlichen Anwesen über der Axenstraße am See geboren: Paul (1882-1952), Ralph (1884-1969), Walter (1885-1953) und Othmar Schoeck (1886-1957). Und alle vier bringen es mit ihren künstlerischen oder wissenschaftlichen Werken zu öffentlicher Anerkennung: Paul, der spätere Architekt und Dichter des schweizerdeutschen Tell – einem Stück, das in der Literatur der Schweiz dauerhaft Bestand gefunden hat –, Ralph, der spätere Professor für Maschinenbau am Technikum Winterthur, Walter, der Hotelier und Verfasser mehrerer Dramen wie auch musikalischer Essays, und Othmar, der Schüler von Max Reger und wohl bekannteste Schweizer Liederkomponist.

Dieser Atmosphäre der Malerei und der Gelehrsamkeit, der Offenheit für alles Neue, der intellektuellen Auseinandersetzung ohne hindernde Denkgrenzen, verbunden mit einer Landschaft, die in ihrer „Schönheit unerschöpflich" ist, fühlt Hesse sich zugehörig: „Was mein Auge so begeistert, ist einzig die Schönheit dieses kla-

*Der Schweizer Komponist Othmar Schoeck, Musikerfreund Hesses
(Aufnahme um 1957)*

ren Wassers, das vom Blauschwarz über Grün und Grau bis zum
silbernsten Silber jeder Farbe und Nuance fähig ist (. . .)", schreibt
er in seinem Roman „Hermann Lauscher"[192], oder: „Die Abwechslung von Fels und Schnee, besonnten Kanten und dunklen
Schlünden an einer Gipfelkette, der launische Weg, den ein kleiner Wolkenschatten über diese zackige und zerklüftete Vielfalt hin
beschreibt, können einen fesseln und entzücken wie die Rhythmen
und Zäsuren eines Gedichtes", heißt es in seinem „Rigi-Tagebuch"[193]. Die Atmosphäre dieser Gesamtumstände scheint seiner
inneren Verfassung zu entsprechen. Seine Freunde sucht er sowie-
so eher unter Malern und Musikern als unter Schriftstellern, und
nächtelange Diskussionen im Zigarrenqualm und bei einem Trop-
fen guten Weines sind das, wonach ihn verlangt: Es zieht ihn heraus aus der Abgeschiedenheit in Gaienhofen, hinein in eine geistige Auseinandersetzung mit Gleichgesinnten.

Obwohl Hesse bereits rund ein Jahrzehnt vor seiner Freundschaft
mit Othmar Schoeck und dessen Familie sich ganz in die Nähe deren
Familiensitzes, in das nur zwei Dörfer seeoberhalb gelegene Vitznau, zu Vorarbeiten für seinen „Hermann Lauscher" und den „Peter
Camenzind" zurückgezogen hatte – „das ist Vitznau, da habe ich
vor fünfundvierzig Jahren am Tagebuch Lauschers geschrieben und
die ersten Studien zum ‚Peter Camenzind' gemacht", schreibt er
1945 in seinem „Rigi-Tagebuch" –, soll die enge Verbundenheit mit
dieser Landschaft erst durch die Freundschaft zu seinem Musikerfreund Othmar Schoeck und dessen Familie neue Ausmaße gewinnen.

Über den Zahnarzt und Komponisten Dr. Alfred Schlenker, für
den Hesse 1910 das Libretto einer lyrischen Oper in drei Akten[194]
schreibt, lernt er den jungen, gerade zwanzig Jahre alten Othmar
Schoeck kennen: „(. . .) es wurde in Zürich sein ‚Postillon' aufge-
führt, er war meinem Freunde Albert Welti gewidmet", erinnert
sich Hesse.[195] Und er setzt sich gleich intensiv mit Schoecks kom-
positorischer Arbeit auseinander: „So wirkte denn das erste
Schoecksche Werk, das ich hörte, auf mich noch unproblematischer
und zeitabgewandter als es wirklich war; dazu kamen die beinah
zehn Jahre, um die ich älter war als Schoeck, und so nahm ich ihn
im ersten Augenblick, obwohl ich ihn sofort gern hatte und auch
seine Kraft ahnte, ganz von dieser harmlosen Seite. Das hielt allerdings nicht lange vor, und schon nach wenigen Begegnungen tauch-

Widmungsexemplar von Hesses Buch „Gedenkblätter" für den Freund
Othmar Schoeck, 1954

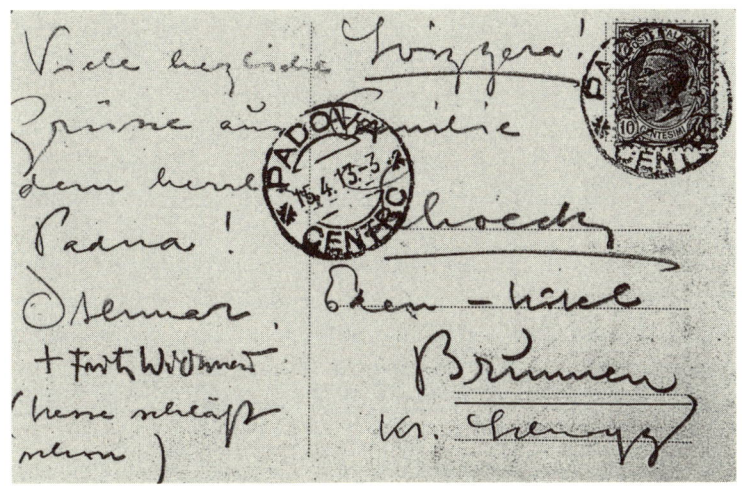

*Kartengruß an die Familie von Othmar Schoeck aus Padua, während einer
gemeinsam mit Fritz Widmann und Hesse unternommenen Italienreise,
mit dem Zusatz „Hesse schläft schon", 1913*

te in unsern Gesprächen als Hauptfigur ein geliebter, dämonischer
Schatten auf, den wir beide glühend liebten und über den wir oft
gesprochen haben: Hugo Wolf."[196]

Bereits im Alter von zwanzig Jahren hat Othmar Schoeck Vertonungen von Hesse-Gedichten geschrieben. Hesse wird 1910 und
1911 die beiden Opernlibretti „Der verbrannte Ehemann" und „Bi-
anca" für den Komponisten verfassen. In seinem Text „Othmar
Schoeck"[197] wird deutlich, mit welcher Hochachtung Hermann
Hesse – der ansonsten von Vertonungen seiner Gedichte gar nicht
erbaut war – den Komponistenfreund eingeschätzt hat: „Ich habe
Kompositionen mit Achselzucken oder mit Schaudern über meine
Gedichte ergehen lassen. In Schoecks Vertonungen ist nirgends das
leiseste Mißverständnis des Textes, nirgends fehlt das zarteste Gefühl für Nuancen, und überall ist mit fast erschreckender Sicherheit
der Finger auf das Zentrum gelegt, auf jenen Punkt, wo um ein Wort
oder um die Schwingung zwischen zwei Worten sich das Erlebnis
des Gedichtes gesammelt hat."

Othmar Schoeck ist es dann auch, mit dem der seinem bürgerlichen Existenzversuch in Gaienhofen immer überdrüssiger wer-
dende Hermann Hesse sich 1911 auf Wanderung nach Italien zur

135

italienischen Erstaufführung der Matthäuspassion in Mailand begibt – einer der immer unverhohlener werdenden Versuche, der
Enge des Daseins in Gaienhofen zu entkommen.

Der Freund Othmar Schoeck scheint eine Lücke zu füllen im
Leben des Dichters, der in seinem Gaienhofen am Bodensee scheinbar bewußt abgewandt lebt von allem, was in jener Zeit Welt bedeutet: „(. . .) es fehlte mir ein musikalischer Freund, mit dem ich
nicht nur über Musik sprechen, sondern der mir Musikwerke aller
Art rekapitulierend, kürzend und gelegentlich erläuternd hätte vor-
führen können. Dies nun konnte Schoeck, mit dem ich mich rasch
und herzlich befreundete, in einer so universalen und dabei so ent-
zückenden Weise, wie sie mir bisher trotz mancher Musikerbe-
kanntschaften nie begegnet war (. . .)"[198]
Es sind jene Jahre der ersten Bekanntschaft mit Schoeck, als Hesse
versucht, durch Reisen insbesondere nach Italien seiner Situation
in Gaienhofen zu entfliehen. Neben Schoeck sind bei diesen Reisen weitere Freunde dabei, so der Maler Fritz Widmann oder der
Musiker Fritz Brun, eine zum Teil recht gesellige Runde: „In der
düsteren Kneipe stand ein heruntergekommenes altes Tafelklavier,
mit dünnem schleirigem Ton und mancher gesprungenen Saite,
auch reichlich verstimmt. Auf diesem Klavier spielte uns Schoeck
halbe und ganze Opern, entzückt lauschte die Wirtsfamilie (. . .) Es
war eins der Beispiele für Schoecks suggestive Kraft: mochte er nun
das kaputte Klavier behext haben oder die Zuhörer, jedenfalls der
Zauber war gelungen."[199]
Diese suggestive Kraft des jüngeren Freundes wird ein Leben lang
auf den Dichter wirken, auch in jener Zeit, als er sich entschließt,
den Lebens-Ort Gaienhofen aufzugeben und nach Bern überzu-
siedeln, wo sie sich auch räumlich näher sind, und viel später, als
Hesse sich von Familie und Ehefrau trennt, um in Montagnola im
Tessin ein neues Leben anzufangen.

VII

Bern
Während des Ersten Weltkriegs im Dienste des deutschen Kriegsministeriums

Die Hauptstadt der Schweiz, Bern, in die Hesse mit seiner Familie im September 1912 übersiedelt, stellt in vielem einen Gegensatz zu dem bisherigen Lebensort Gaienhofen dar. Zunächst bedeutet der Umzug, nach acht Jahren der Weltabgeschiedenheit am Bodensee, die Anbindung an eine Großstadt; doch neben den familiären Gründen sind es auch politische, die die Entscheidung Hesses für das Verlassen Deutschlands herbeiführen: „Außer privaten Sorgen empfand ich auch mit wachsender Stärke das politische Unbehagen der überheblichen, protzigen Gesellschaft des wilhelminischen Deutschland (...)", begründet er die Übersiedlung in die Schweiz.[200] Hinzu kommt, daß Bern für ihn „die schönste alte Stadt der Schweiz" und diese „ein Land voll Kraft und Schönheit (...)"[201] ist, mit einer Hauptstadt, zu der er „instinktiv einiges Vertrauen"[202] hat.

In Bern wird die Familie Hesse bis 1919 wohnen, bis zur Trennung Hesses von der Familie und zu seinem Rückzug ins Tessin, in einem geräumigen Patrizierhaus etwas außerhalb der Stadt, in dem vorher der mit Hesse befreundete und kurz zuvor verstorbene Maler Albert Welti[203] gewohnt hat: „Ein altes Berner Landhaus, weit vor der Stadt in den Feldern gelegen, mit einem streng symetrisch angelegten alten Garten, einem laufenden Brunnen, Hunden und Vieh, einem Wäldchen von Ahornen, Eichen und Buchen. Eine Menge kleiner Stuben mit angegilbtem Getäfel und rissigen alten Tapeten, eine steinerne, sehr herrschaftliche Wendeltreppe, ein hübsches lichtes Sälchen, sonst alles primitiv und bescheiden (...)", schreibt Hesse in dem Romanfragment „Das Haus der Träume".

Der Dichter hat sich bereits zwei Jahre in Bern eingelebt, als der Erste Weltkrieg ausbricht, der auch an ihm und seinem Familienleben nicht ohne Berührungspunkte vorübergehen wird. Bei der Musterung im deutschen Konsulat zu Bern bietet sich Hesse als

Postkarte an Paul Schoeck mit Zeichnung Hesses
(„Von meiner Veranda aus"), März 1918

Kriegsfreiwilliger an, wird aber abgelehnt, später dann der deutschen Kriegsgefangenenfürsorge zur Dienstleistung zugeteilt.

Während, wie Romain Rolland – mit Hesse befreundet und in gleicher Weise publizistisch gegen den übersteigerten Nationalismus ankämpfend – nach einem Besuch bei der Familie Hesse be-

*Haus „Am Melchenbühl" in Bern, hier wohnte die Familie Hesse
von 1912 bis 1918*

Hesses Söhne Heiner und Bruno, Bern um 1913

schreibt[204], Hesses Söhne „den Tag über nackt verbringen, wie kleine Wilde, vom Kopf bis zum Bauch, von den Hüften bis zu den
Fußsohlen, nur mit einer kleinen Badehose bekleidet", arbeitet
Hesse also im Berner Büro für die „deutsche Kriegsgefangenenfürsorge"; er ist zuständig für die Versorgung deutscher Kriegsgefan-

gener mit Lesematerial und leitet die „Bücherzentrale für deutsche Kriegsgefangene Bern". Außerdem gründet er eine Kriegsgefangenen-Zeitschrift, den „Sonntagsboten für deutsche Kriegsgefangene", der ebenfalls in die Kriegsgefangenenlager versandt wurde. Hesse leitet zugleich die „Deutsche Interniertenzeitung" und gibt im Verlag der Bücherzentrale Literatur für die Kriegsgefangenen heraus. Tätigkeiten, die ihm nur noch wenig Zeit für die eigene literarische Arbeit lassen.

Hesse hat sich nach Ausbruch des Weltkrieges zunächst als Freiwilliger bei den deutschen Behörden gemeldet – aus dem Anliegen heraus, „daß meine Freunde im Feld stehen und auf sich schießen lassen, während ich nicht dabei sei"[205] –, wird aber wegen seines Augenleidens nicht angenommen. Ungeachtet der dann folgenden Arbeit in deutschen Diensten setzt er sich aber von 1914 an sofort in zahlreichen politischen Aufsätzen – der wohl bekannteste erscheint mit dem Titel „O Freunde, nicht diese Töne" am 3. November 1914 in der „Neuen Zürcher Zeitung" – gegen die deutsche Kriegsbegeisterung zur Wehr und kämpft gegen die nationale Emphatie an: „Daß Liebe höher sei als Haß, Verständnis höher als Zorn, Friede edler als Krieg, das muß ja eben dieser unselige Weltkrieg uns tiefer einbrennen, als wir es je gefühlt", schreibt er im genannten Aufsatz. Diese Texte verhallen nicht ungehört in Deutschland: „Von 1916 an stand ich vollkommen allein, für die Patrioten ein Schwein, für die Revolutionäre ein Bürgerlicher", erinnert er sich 1933.[205] Fortan widmet er sich voll und ganz seiner Aufgabe in der Kriegsgefangenenfürsorge. In einem eigens dafür gegründeten Verlag bringt Hesse Bücher heraus, die an Kriegsgefangene verteilt werden. Trotzdem wird er, vor allem wegen seiner pazifistischen und gegen Krieg und Nationalismus gerichteten Artikel, in seiner Heimat als „Vaterlandsverräter" verleumdet.

So schreibt das „Kölner Tagblatt" am 24. Oktober 1915 über Hesse: „Schamröte muß geradezu jedem ehrlichen Deutschen ins Gesicht steigen, wenn er in dieser größten Not des Vaterlandes, da ältere deutsche Dichter wie Dehmel, Bloem, Löns mit der Waffe in der Hand für ihr Vaterland eintreten und ihr Blut freudig hingeben, hört, daß ein bisher gefeierter deutscher ‚Ritter des Geistes' sich noch brüstet mit seiner Drückebergerei und schlauen Feigheit und sich geradezu lustig macht darüber, wie es ihm gelungen ist, seinem Vaterlande und seinen Gesetzen in dieser großen Zeit ein

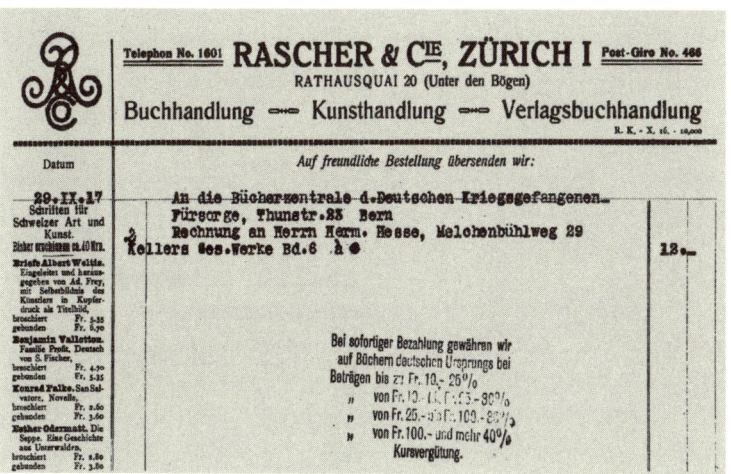

Rechnung an die Bücherzentrale der Deutsche Kriegsgefangenenfürsorge in Bern, zu Händen „Herrn Herm. Hesse", September 1917

Schnippchen zu schlagen (. . .) Nicht wie ein Ritter des deutschen Geistesadels (. . .) sondern wie ein Ritter von der traurigen Gestalt (. . .) zieht Hermann Hesse daher, als vaterlandsloser Gesell, der längst innerlich den Staub der heimischen Erde von seinen Schuhen geschüttelt hat."

Theodor Heuss ist einer der wenigen, der sich öffentlich zu dem Freund bekennt und sich für ihn einsetzt. „Ihm ging auf die Nerven, wie fast die ganze Dichtung rechtsumkehrt schwenkte und in Kriegskonjunktur machte – wir wissen allmählich doch, wie ungemein mäßig das meiste von dem ist, was dabei herauskam. Er wehrte sich gegen die Phrasenwelt der Leitartikel, die den ungeheuren und traurigen Ernst der Geschehnisse in lautes und oft falsches Pathos verwandelte (. . .) Hesse ist nicht geschichtlich denkender Politiker, sondern Künstler, Dichter, in dessen Weltanschauung die humanitär-universalistische Richtung lebendig und wirksam ist (. . .)", schreibt dieser im November 1915.[206]

Die Angriffe gegen Hesses Haltung gehen so weit, daß er noch 1919, als der Krieg längst beendet ist, von der deutschen Gesandtschaft vor die Wahl gestellt wird, seine publizistische pazifistische Arbeit aufzugeben oder aber seine Tätigkeit für die Kriegsgefange-

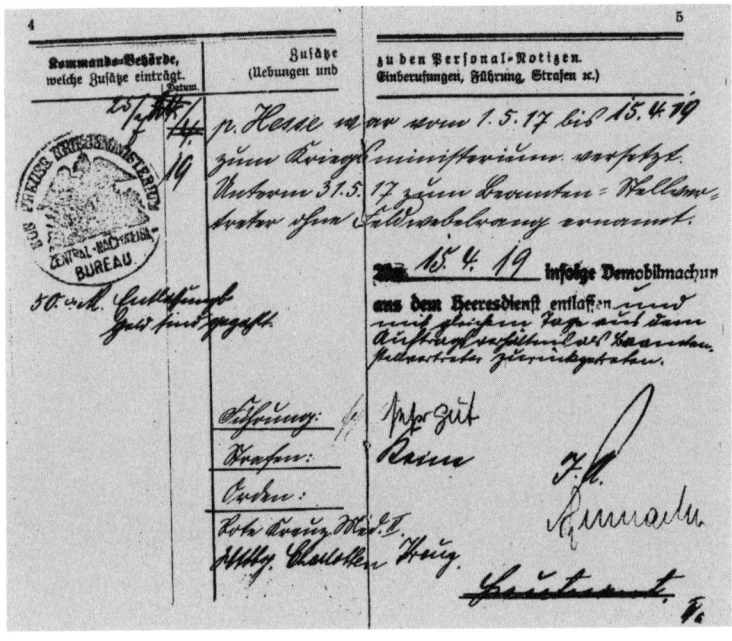

Eintragung in Hesses Wehrpaß: „war vom 1. 5. 17 bis 15. 4. 19 zum Kriegsministerium versetzt. Unterm 31. 5. 17 zum Beamten-Stellvertreter ohne Feldwebelrang ernannt.. Führung: sehr gut, Strafen: keine, Orden: Rote Kreuz Medaille II, Württembergisches Charlotten Kreuz"

nenfürsorge. Folge ist, daß Hesse fortan die schärfsten politischen Artikel unter dem Pseudonym „Emil Sinclair" publiziert. Auch der Roman „Demian" wird zunächst unter diesem Pseudonym erscheinen. In seiner „Nürnberger Reise" beschreibt Hesse die Erleichterung, die ihm das Verstecken hinter einem anderen Namen verschafft: „Einmal, mit Hilfe eines Pseudonyms, war es mir nahezu ein Jahr lang gelungen, meine Gedanken und Phantasien unter fremdem Namen auszusprechen, unbelästigt von Ruhm und Anfeindung, unbeirrt von Abstempelung (. . .)"[207]

Ebenfalls in die Berner Zeit Hermann Hesses fallen seine ersten Erfahrungen mit der Psychoanalyse. Der Tod des Vaters führt dazu, daß Anfang 1916 die angegriffene Verfassung Hesses eine Weiterarbeit in der Bücherzentrale nicht zuläßt. Zur Behandlung seiner Depressionen sucht er Dr. Joseph Bernhard Lang[208] auf, einen

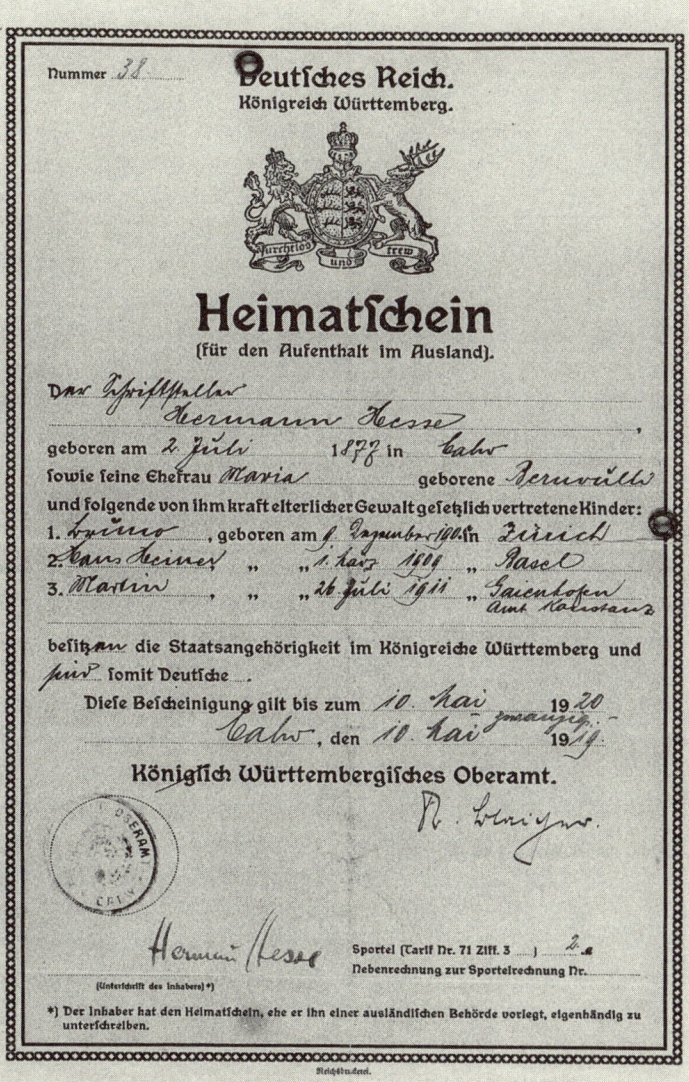

Heimatschein vom Mai 1919:
Der Familie Hesse wird für den Aufenthalt im Ausland vom
Württembergischen Oberamt Calw die Staatsangehörigkeit des Deutschen
Reiches, Königreich Württemberg, bescheinigt (siehe auch S. 144)

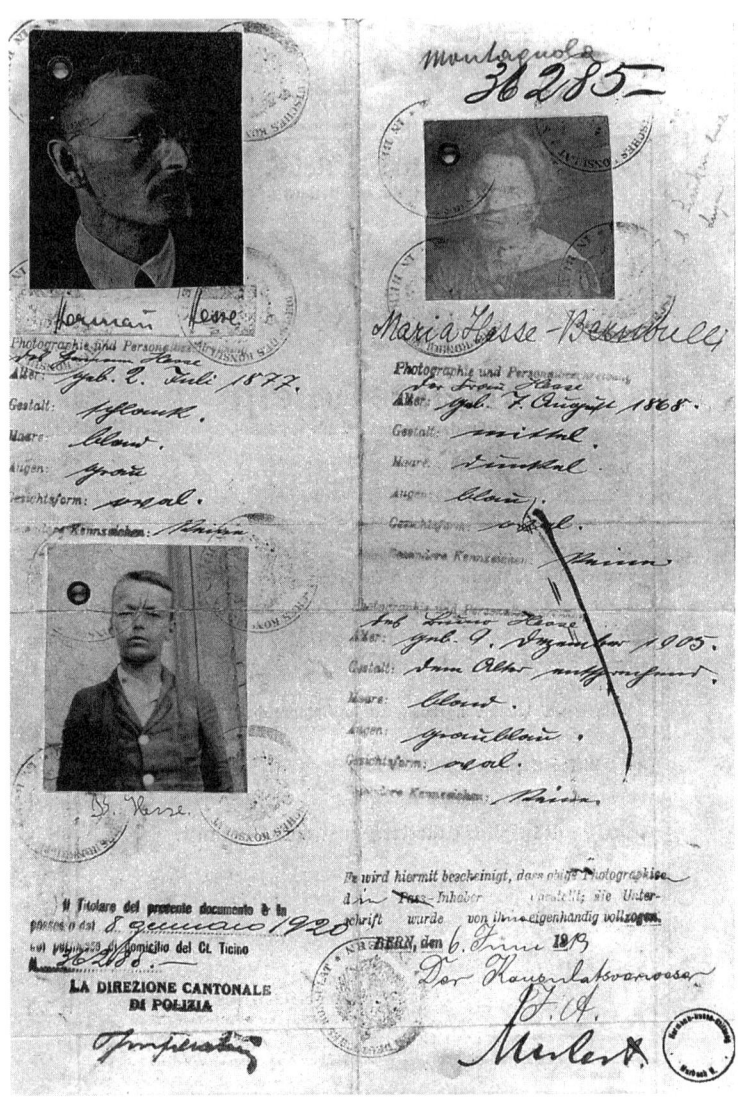

Schüler des legendären Psychoanalytikers und Gelehrten C. G. Jung[209]. Ein Ergebnis dieser Sitzungen bei dem Psychoanalytiker ist Hesses Roman „Demian", in dem die Figur des Pistorius dem behandelnden Dr. Lang verwandt ist und wo Hesse viele der Gespräche mit Lang verarbeitet; ein anderes Ergebnis ist seine inten-

144

sive Hinwendung zur Malerei. So kann der „Demian" durchaus als verschlüsselte, eigene Geschichte Hesses gesehen werden: dieser Pistorius lehrt ihn, mit sich und der eigenen Vergangenheit klarzukommen: „Das Leben eines jeden Menschen ist ein Weg zu sich selber hin, der Versuch eines Weges, die Andeutung eines Pfades", schreibt Hesse im Geleitwort zu der „Geschichte einer Jugend", wie er den „Demian" im Untertitel bezeichnet.

Bis zum Ende seiner Tätigkeit für die Kriegsgefangenenfürsorge im Jahre 1919 war bei Hesse der Entschluß gereift, sich von der Famlilie zu trennen. 1918 mußte seine Frau Maria wegen der Verschlechterung ihgres Gemützustandes in die Klinik gebracht werden, für wielange, war nicht absehbar. Der jüngste Sohn Martin lebte schon früher bei Freunden in Kirchdorf, Bruno und Heiner kamen in Pension und Hermann Hesse löste den Haushalt auf, als er den zivilen Kriegsdienst beendet hatte. „Während dieser Jahre bereitete sich mein Abschied von der ganzen bürgerlichen Welt vor, von der öffentlichen Meinung, vom Vaterland, vom Familienleben", blickt er im Jahre 1923 zurück.[210]

Er entschließt sich, Mitte April 1919 ins Tessin zu übersiedeln: „Aus dem erfolgreichen bürgerlichen idyllischen Literaten war ein Problematiker und Outsider geworden, das bin ich seither geblieben", bekennt Hesse 1923 in seinen „Biographischen Notizen".

VIII

Der Rabenvater Hermann Hesse?
Der Dichter und seine Söhne

Drei Kinder hatte Hermann Hesse, drei Söhne. Alle entstammen der ersten Ehe mit Maria Bernoulli. Der älteste Hesse-Sohn, Bruno, wird 1905 in Zürich geboren und wächst mit den Eltern in Gaienhofen auf. Nachdem der Vater 1919 ins Tessin übersiedelt, bringt er ihn bei dem befreundeten Maler Cuno Amiet[211] in Oschwand, in der Nähe von Bern, unter. Dort erhält Bruno ersten Zeichen-

Hesse mit seinen drei Söhnen, von links: Heiner Hesse, Bruno Hesse, Hermann Hesse und Martin Hesse (Aufnahme von 1937)

und Malunterricht bei Amiet, einem Mitglied der Künstlergruppe „Brücke", und geht dann 1926/27 zur Zeichenausbildung an die „Ecole des Beaux Arts" nach Genf sowie zu verschiedenen Studienaufenthalten an die „Academie Julian" nach Paris. Sein Leben lang bleibt Bruno Hesse dieser Berufung als Maler treu.

Der mittlere Sohn, Heiner, wird 1909 in Basel geboren. Er kommt nach der Trennung der Eltern im Jahr 1919 in ein Landerziehungsheim, besucht nach der Matura die Kunstgewerbeschule, absolviert eine Lehre als Schaufenstergestalter und verwaltet später nach dem Tod von Ninon Hesse, der dritten Frau des Vaters, dessen literarischen Nachlaß.

Martin Hesse, der jüngste Sohn, wird 1911 in Gaienhofen geboren. Nach der Gymnasialzeit durchläuft er eine Lehre bei einem Thuner Architekten und begibt sich dann zum Studium an die von Walter Gropius begründete „Hochschule für Bau und Gestaltung" in Dessau, das „Bauhaus", wo er erste fotografische Erfahrungen sammelt. Nach Schließung der Hochschule aus politischen Gründen kehrt Martin 1933 wieder in die Schweiz zurück und läßt sich als freier Fotograf in Bern nieder. Er erwirbt sich dort große Verdienste um die fotografische Sicherung und Inventarisierung der Kunstdenkmäler des Kantons Bern.

Besuch bei den Söhnen des Dichters

Die Spannung während der Autofahrt durch den Wald und die Felder von Herzogenbuchsee hinauf auf die „Oschwand", zu Bruno Hesse, steigert sich immer mehr. Er hatte angeboten, mich vom Bahnhof abzuholen, wenn ich mit dem Zug käme. Und dann erwartet er mich schon, seine Frau Rosa hat Kaffeetassen bereitgestellt und Süßigkeiten hergerichtet, und wir sitzen plaudernd im Wohnzimmer, von dem aus man auf den idyllisch gelegenen Garten sieht. Viele Bücher des Vaters drängen sich in Regalen und auf Schränken, die meisten davon Widmungsexemplare oder zumindest signiert. Ölgemälde und Aquarelle des Malers Bruno Hesse

Bruno Hesse bei einem Besuch des Autors, November 1991

bedecken die Wände, aber auch einige seines Lehrmeisters Cuno Amiet. Auf einem Schränkchen eine Hermann-Hesse-Büste. Und in diesem Ambiente ein Bruno Hesse in seiner liebenswürdigen, zurückhaltenden Art, der immer wieder aufsteht und hinaus in sein Atelier eilt, um neue Schätze heranzutragen: Aquarelle des Vaters, und immer wieder Bücher.

Er ist auch bereit, die von mir vorgelegten Fragen zu beantworten – „private" Fragen zum Vater und seinem Verhältnis zu diesem. Ich bitte ihn, wie auch seinen Bruder Heiner, die Antworten möglichst knapp und prägnant zu formulieren.

Hermann Hesse privat
Fragen an Bruno Hesse, den ältesten Sohn des Dichters

Herr Hesse, es existiert die Legende, die auch durch einen Leitartikel im Magazin „Der Spiegel" im Jahre 1956 genährt wurde, Hermann Hesse sei der in Montagnola zurückgezogen lebende „gärtnernde Einsiedler" gewesen. Können Sie das bestätigen?

Vater brauchte für seine Arbeit zeitweise das Alleinsein, aber er war kein „Einsiedler" im Sinne des „Spiegel"-Artikels. Freunde waren ihm wichtig.

Wie wichtig war Ihrem Vater die Gartenarbeit?

Gartenarbeit war ihm wichtig als Ausgleich zur Kopf-Arbeit und zum Ausruhen der überanstrengten Augen.

Hermann Hesse sagt in seinen „Biographischen Notizen" (1923), er habe sich vom „erfolgreichen idyllischen Literaten" zum „Problematiker und Outsider" entwickelt. War er im täglichen Umgang ein „schwieriger" Mensch?

„Schwierig" wohl nur für Leute, die nur das „berühmte Tier" im Zoo sehen wollten und ihn mit leerem Geschwätz belästigten. Nicht für Freunde und wirklich „Nothilfe" Suchende.

Hermann Hesse – der Maler: Welche Funktion hatte Ihrer Ansicht nach die Malerei im Leben von Hermann Hesse? Wurde sie mehr und mehr zur Bedingung für seine Literatur?

Die Malerei war ihm auch als Ausgleich und Abwechslung von der Kopf-Arbeit wichtig. Ob „Bedingung" für seine Literatur – das weiß ich nicht.

Ihr Vater war mit drei Frauen verheiratet: mit Ihrer Mutter, Maria (geb. Bernoulli), mit Ruth (geb. Wenger) und mit Ninon (geb. Ausländer). Können Sie jede dieser drei Frauen mit einem Satz charakterisieren?

Meine Mutter war eben meine gute Mutter, die ich liebe. Vater hatte einmal zu mir gesagt: „Ohne Mutters Krankheit, durch die sie das Vertrauen zu mir verloren hat, wäre es nicht zur Scheidung gekommen."

Ruth Wenger habe ich von Vaters drei Frauen am wenigsten gekannt. Mir ist diese Ehe auch nie richtig als „Ehe" vorgekommen, sie hatten ja nie einen gemeinsamen Haushalt, nicht in Montagnola, nicht in Caro-

150

Hermann Hesse beim Unkrautverbrennen in Montagnola, um 1957

na, nur in Basel wohnten sie jeweils für wenige Wochen miteinander im Hotel.

Ninon schätze ich hoch ein, sie war für Vater eine große und für seine Arbeit unentbehrliche Hilfe.

Sie waren auch in späteren Jahren jedes Jahr mehrmals beim Vater in Montagnola. Wie begegnete der ältere Hermann Hesse seinen Söhnen? War er aufgeschlossen für ihre Probleme?

Vater empfing mich bei jedem Besuch bei ihm mit Freude und sehr lieb. Für Probleme, wenn diese wirklich ernsthaft waren, war er immer auf- geschlossen (das auch fremden, ihm unbekannten Leuten gegenüber).

Wie gestaltete sich Ihr Verhältnis zum Vater? Wie kamen und kommen Sie mit dessen und damit der Berühmtheit Ihres Namens zurecht?

Mit der „Berühmtheit" komme ich zurecht, wenn nicht allzuviel davon gesprochen wird. Mir hilft dabei der Umstand, daß ich nicht den gleichen Beruf wie Vater habe. Er ist als Schriftsteller und Dichter berühmt – mit Recht –, daß er auch Maler war, wurde ja erst spät in weiteren Kreisen bekannt.

Wie ging Hermann Hesse mit seiner wachsenden Berühmtheit um? Empfand er sich als „öffentliche" oder doch mehr als „private" Person?

Hierzu Vaters Ausspruch zur Berühmtheit: „Das ist wie mit einer Lawine – die bekommt der am heftigsten zu spüren, der drunter gerät."

Es wird immer wieder gesagt, Hermann Hesse habe sich in der öffentlichen politischen Diskussion, zumal in späteren Jahren, zurückgehalten. Galt dies auch für den privaten Bereich?

An „öffentlichen" politischen Diskussionen hat Vater wohl nie teilgenommen. Aber als Schriftsteller fühlte er sich verpflichtet, seine Einstellung zu aktuellen politischen Dingen in seinen Schriften (auch Briefen) deutlich zu machen.

Wenn Sie heute einen Wunsch in bezug auf das Werk Ihres Vaters äußern dürften, wie würde dieser lauten?

Vaters Werke werden ja, wie wir aus den Verlags-Abrechnungen sehen, in großen Mengen verkauft. Da wäre mein Wunsch: daß diese Werke auch gelesen werden, nicht nur als Schau-Stücke auf einem Bücherregal stehen.

Heiner Hesse, der mittlere Sohn, wohnt heute in einer alten und wohnlich umgebauten Mühle in einer Schlucht oberhalb von Ascona im Schweizer Tessin. „Rufen Sie mich an, kurz bevor Sie ankommen, dann warte ich an der Straße auf Sie", riet er mir vor meinem ersten Besuch in seiner Klause, „denn sonst finden Sie mich nur schwerlich." Und tatsächlich: Nur ein schmaler, verwachsener Pfad führt von dem engen Bergsträßchen aus hinunter zu der Mühle mitten im Wald oberhalb des Lago Maggiore. Auch das Mühlrad funktioniert noch, zeigt mir der Hesse-Sohn.

Ob er mir ein paar Fragen beantworten könne, fragte ich auch ihn in einem Brief und schickte die Fragen gleich mit. Die kritische Antwort des Hesse-Sohnes, der seit dem Tod von Ninon, des Dichters letzter Frau, im Jahre 1966 die Verwaltung des literarischen Nachlasses übernommen hat, folgte auch sogleich: Der „private" Hermann Hesse sei den wirklich sorgfältigen und aufmerksamen

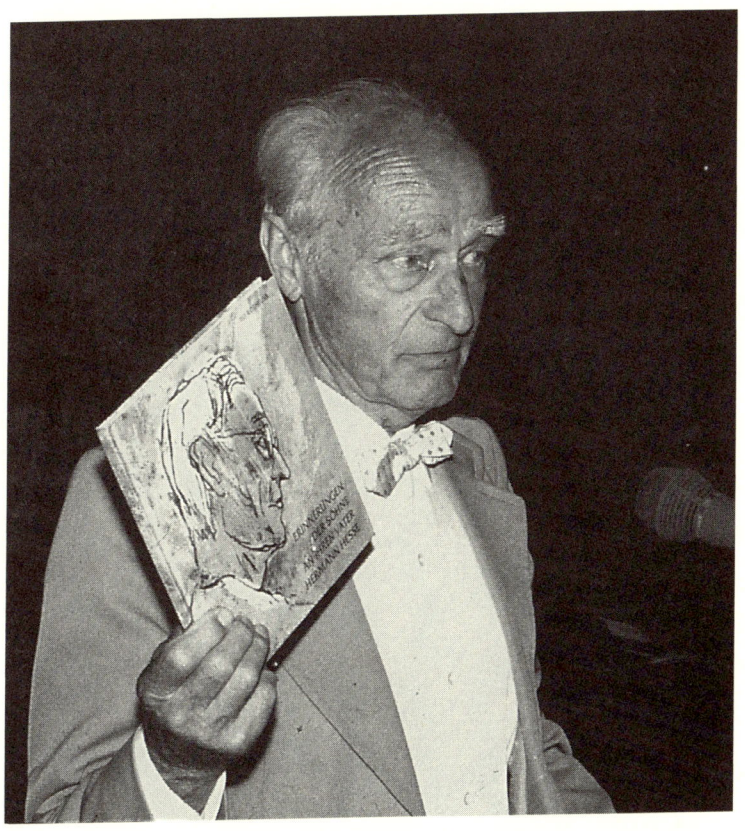

*Heiner Hesse bei einem Besuch in Calw, der Geburtsstadt seines Vaters,
Juni 1989*

Lesern durch seinen „Kurgast", „Steppenwolf" und „Narziß und
Goldmund" eigentlich längst bekannt. Kaum ein anderer Autor unserer Tage habe derart Einblick in sein Innerstes gegeben wie Hermann Hesse. Heiner Hesse erklärt sich aber trotzdem bereit, die
zehn Fragen zu seinem Vater und seinem eigenen Verhältnis zu ihm
zu beantworten.

Fragen an Heiner Hesse,
den mittleren Hesse-Sohn

Herr Hesse, es existiert die Legende, die auch durch einen Leitartikel im Magazin „Der Spiegel" im Jahr 1956 genährt wurde, Hermann Hesse sei der in Montagnola zurückgezogen lebende „gärtnernde Einsiedler" gewesen. Können Sie dies bestätigen?
Mein Vater lebte zu manchen Zeiten einsam, zum Beispiel von 1919 bis 1922. Aber auch in der zweiten Ehe ab 1924 wohnte er nicht in derselben Wohnung wie seine Frau. In Phasen intensiver Arbeit brauchte er Einsamkeit und gestattete auch Ninon keinen Einblick in entstehende Arbeiten. Das heißt aber keineswegs, daß er ungesellig war, im Gegenteil, er konnte scherzen.

Wie wichtig war für Ihren Vater die Gartenarbeit?
„Stunden im Garten": Er konzipierte „Kastalien" während des Unkraut-Verbrennens. Und er liebte es, mit dem alten Gärtner Lorenzo über im Garten notwendige Kleinigkeiten in bestem Italienisch zu verhandeln.

Hermann Hesse sagt in seinen „Biographischen Notizen" (1923), er habe sich vom „erfolgreichen idyllischen Literaten" zum „Problematiker und Outsider" entwickelt. War er im täglichen Umgang ein „schwieriger" Mensch?
Der „idyllische Literat" und der „Outsider" beziehen sich auf den Autor und Intellektuellen Hesse, aber keineswegs auf seinen Umgang mit Freunden oder in der Familie, da war er oft voll spielerischer Einfälle. Hingegen waren oft die Lebensumstände „schwierig", zum Beispiel der Krieg, die Inflation, die Nazizeit und anderes mehr; nicht mein Vater!

Hermann Hesse – der Maler: Welche Funktion hatte Ihrer Ansicht nach die Malerei im Leben von Hermann Hesse? Wurde sie mehr und mehr zur Bedingung für seine Literatur?
Das steht in „Magie der Farben": Während der Inflation brachten ihm die „Bebilderten Handschriften" mehr ein als die Bücher. Heute erreichen Bildbriefe im Handel unerhörten Marktwert. Aber vor allem war das Malen Schulung fürs Auge, oder („Stunden am Schreibtisch") umgekehrt: Erholung der übermüdeten Augen nach der Lektüre.

Ihr Vater war mit drei Frauen verheiratet: mit Ihrer Mutter, Maria, mit Ruth und mit Ninon. Können Sie jede dieser drei Frauen ganz kurz charakterisieren?

Hermann Hesse mit Sohn Heiner und Enkel Silver, Sommer 1942

Meine Mutter, zwar ohne höhere Schulbildung, aber ausgebildet als Berufsfotografin, schuf wichtige Porträts von meinem Vater, hatte großes Verständnis für Vaters Geist und Arbeit; sie war überaus musikalisch, sehr unkonventionell, reformerischer Lebensweise zugetan.

Ruth Wenger war jung, hübsch, sang entzückend; aber eben viel zu jung, um mit einem „Problematiker" ein lustiges Leben führen zu können.

Ninon Ausländer besaß die Bildung und hatte - bei Opferung eigener Interessen - den Ehrgeiz, meines Vaters Werk zu fördern, auch noch nach seinem Tode.

Sie waren auch in späteren Jahren jedes Jahr mehrmals beim Vater in Montagnola. Wie begegnete der ältere Hermann Hesse seinen Söhnen? War er aufgeschlossen für Ihre Probleme?

Mein Vater hatte jederzeit Verständnis für meine Probleme, sogar dann, wenn ich Hemmungen hatte, ihn damit zu belästigen.

Wie gestaltete sich Ihr Verhältnis zum Vater? Wie kamen und kommen Sie mit dessen und damit der Berühmtheit Ihres Namens zurecht?

Einerseits war ich stolz auf den berühmten Vater, zeigte das auch meinen Kameraden oder Kollegen; andererseits litt ich unter der Unzulänglichkeit, ihm nicht ebenbürtig (oder seiner würdig) zu sein.

Wie ging Hermann Hesse mit seiner wachsenden Berühmtheit um? Empfand er sich als „öffentliche" oder doch mehr als „private" Person?

Mein Vater mied – anders als etwa Thomas Mann – jegliche „Öffentlichkeit". Erfolg und hohe Auflagen der Bücher bedeuteten ihm nichts, aber er wünschte sich „ein paar wenige, gute Leser", die fähig wären, seine Gedanken weiterzuentwickeln und weiterzuverbreiten. Als sein Verleger um ein Porträt (für Werbezwecke) bat, lehnte er ab, denn das sei „privat" und gehe die Leser nichts an. Jedoch mußte er im Lauf der Jahre seinem Verleger nachgeben.

Es wird immer wieder gesagt, Hermann Hesse habe sich in der öffentlichen politischen Diskussion, zumal in späteren Jahren, zurückgehalten. Galt dies auch für den privaten Bereich?

Mein Vater hielt mit seiner Meinung nie zurück, weder mündlich noch in Briefen. Andererseits wußte er, daß die Macht in andern Händen ist und daß Resolutionen von Dichtern kaum Gewicht haben. (Dennoch unterzeichnete er einen Appell gegen eine atomare Rüstung der Schweizer Armee!)

Wenn Sie heute einen Wunsch in bezug auf das Werk Ihres Vaters äußern dürften, wie würde dieser lauten?

Ich kann heute nur wünschen, daß die Bücher meines Vaters ernsthaft gelesen werden, und daß man sich nicht damit begnügt, aus Zeitungsartikeln oder vom Katheder herab zu erfahren, wer Hesse war und wie sein Werk zu beurteilen sei. Politisch sowohl wie ökologisch war er der Zeit um Jahre voraus. Seine Gedanken sind heute noch aktuell.

Das Problem der Söhne
Die übergroße Vater-Figur des „öffentlichen" Hermann Hesse

Gegen den Vorwurf also, sein Vater sei ein „Rabenvater" gewesen, ein Einzelgänger, der sich im Jahr 1919 mit der Übersiedlung nach Montagnola und der damit verbundenen Trennung von der Familie aus dem Familienverband und seinen Pflichten als Familienvater rücksichtslos zurückzog und die Familie ihrem zweifelhaften Schicksal überließ, wehrt sich Heiner Hesse ganz energisch: „Als Mutter 1919, seelisch erkrankt, hospitalisiert werden mußte, suchte Vater für uns Buben geeignete Pflegeorte und zog ins Tessin, das er schon während der Kriegsjahre bei einigen Erholungsurlauben kennengelernt hatte (...) Wir Buben waren an verschiedenen Orten versorgt: der Jüngste in Kirchdorf, der Älteste beim Maler Amiet in Oschwand, und ich kam in ein Kinderheim bei Ermatingen am Untersee, später in ein Landerziehungsheim. Trotz der Trennung von der Familie sahen wir Vater und Mutter wenigstens zwei- bis dreimal im Jahr in den Schulferien", berichtet er.[212] „Ab und zu kam mein Vater auch mich besuchen, um sich nach meinem Befinden zu erkundigen oder mit meinen Lehrern zu sprechen (...) In jenen Jahren weilte Vater jeweils im Winter für einige Wochen in Baden bei Zürich zur Kur, und dort besuchte ich ihn gelegentlich. Er liebte es nicht, uns Buben gemeinsam einzuladen, sondern wollte jeden einzeln sehen und sprechen."

Auch brieflich standen die Söhne beständig in Kontakt mit ihrem Vater: „Als sich ein Lehrer brieflich darüber aufhielt", läßt Heiner Hesse wissen, „daß ich Umgang mit Mädchen pflege, wies ihn mein Vater - ebenfalls brieflich - zurecht: dies sei in meinem Alter absolut normal und bedürfe keiner pädagogischen Maßnahme oder gar Strafe."[213]

Der These vom Rabenvater Hermann Hesse widerspricht auch die Tatsache, daß dieser sich immer intensiv mit seinen Söhnen und deren Angelegenheiten auseinandersetzt, auch schon als diese noch im Lausbubenalter sind und - man bedenke, drei Söhne im Alter zwischen sieben und vierzehn Jahren - dem Vater, der im Tessin gerade am „Demian" schreiben mag, gehörig auf die Nerven gehen können.

Bruno Hesse, der Älteste, erinnert sich an die Zeit in Bern (1912 bis 1919), als die Familie noch zusammenlebte: „In Bern wohnten wir in einem großen Patrizierhaus, und Vaters Studierzimmer lag im oberen Stockwerk, während wir uns meistens im Eßzimmer unten aufhielten. Dies nahmen wir auch als ganz selbstverständlich hin. Wenn Vater uns aber zu sich rief, meist abends, gab es schöne Stunden mit allerlei Spielen wie Tric-Trac, Mühle, Halma oder Damenbrett. Auch Schreibspiele, die schon Großvater Johannes Hesse erfunden hatte. Auch gingen wir manchmal mit Vater Schmetterlinge fangen, wenn er sonntags mit uns kam."[214] Heiner Hesse ergänzt: „Auch fertigte er für uns andere Bilderbücher, indem er Ausschnitte aus Zeitschriften, Illustrierten oder Kalendern in ein Album klebte. Auch ringen durften wir mit dem Vater. Dazu diente sein Kanapee. Es gab dabei natürlich bestimmte Spielregeln, Kniffe, die verboten waren. Nicht selten ließ der Vater sich dabei besiegen auch dies ein Stück ,Erziehung', nämlich zum ,Sichbesiegenlassenkönnen'."[215]

Daß der Vater Hermann Hesse bereits eine für jene Zeit um den ersten Weltkrieg ganz liberale Art der Erziehung anwendet, erkennen die Söhne im Rückblick – sicher ist diese Erziehungsmethode auch Ausfluß der von Hermann Hesse in seiner eigenen Kindheit erfahrenen, einengenden und bedrängenden Erziehungsmethoden des streng pietistisch eingestellten Elternhauses in Calw. So versucht er beispielsweise nie, den Söhnen seine eigene Auffassung von Literatur aufzudrängen: „Von Literatur jedoch war nie die Rede, höchstens dann, wenn einer von uns Söhnen sich nach einem Buch erkundigte oder bei seiner Lektüre – zum Beispiel von Karl May, den mein Vater keineswegs ablehnte – ein Wort oder einen Inhalt nicht richtig kapierte. Niemals hätte unser Vater von sich aus über Bücher – gar über seine eigenen – gesprochen. Als Sechzehnjähriger bekam ich eines seiner Gedichtbändchen geschenkt, dann den Eichendorffschen ,Taugenichts'. Aber mit seinen eigenen Schriften war Vater zurückhaltend, erst in späterem Alter, als ich immerhin neunzehn oder zwanzig war, durften wir den ,Knulp' oder sonst eine der frühen Erzählungen lesen (...) Erzogen hat uns Vater absolut ,antiautoritär'. Das heißt nicht, daß er uns nie gestraft hätte, aber dies war dann meist nur symbolisch: einige Hiebe mit einem harmlosen Rütlein, die nicht schmerzten (...) Unser Vater hat nie versucht, uns seine Meinung oder Ansicht aufzuzwingen. Bei meiner Berufswahl, zum Beispiel, zeigte er viel Verständnis, obwohl ich eine etwas ausgefallene Idee hatte und Matrose werden wollte. Er brachte mich damals mit einem Bekannten zusammen, der einst Matrose, später aber Pfarrer geworden war und mir sehr eindrücklich das Leben zur See schilderte, das nicht halb so romantisch ist, wie ich geglaubt hatte, aber hart und oft unerfreulich. Auch in seinen politischen Ansichten war Vater zurückhaltend uns gegenüber. Nach der Matura besuchte ich die Kunstgewerbeschule in Zürich, ich wollte nun Grafiker oder Plakatmaler werden. Dort kam ich in einen Kreis, in dem leicht antisemitische Tendenzen herrschten. Als ich meinem Vater begeistert von diesem Kreis erzählte – er wohnte damals auch gerade in Zürich –, machte er mich ernsthaft darauf aufmerksam, was Antisemitismus bedeutet und wozu er führen kann. Das war anno 1927, als in Deutschland schon die ersten Angriffe gegen Juden üblich waren. Später, als ihm meine gewandelten, jetzt antifaschistischen Ansichten Sorge bereiteten, weil ich an Revolution und Gewalt glaubte, versuchte er mich sehr sorgsam und mit guten Argumenten eines Besseren zu belehren, jedoch ohne jeden Zwang.“[216] So schildert Heiner Hesse die behutsame und doch bestimmte Einwirkung des Vaters auf seine eigene Entwicklung.

Aber, so sehr Hesse seine Söhne liebt und dies auch an vielen Stellen bezeugt: das Zusammenleben mit Frau und drei Kindern in der Gaienhofener und Berner Zeit behindert ihn in seiner dichterischen und Denk-Arbeit immer mehr. Dies zeigt sich schon an einem Brief vom Mai 1912, noch von Gaienhofen aus, an Fritz Brun, und man bedenke: Dies war nur kurze Zeit nach seinem entschiedensten Ausbruchsversuch aus dem Dasein als arrivierter Schriftsteller und bürgerlicher Familienvater, der Reise nach Indien im Herbst 1911: „Noch selten war mir das Leben so verleidet wie gerade jetzt, seit Tagen liege ich herum, friere und lese unnötige Bücher, höre dem reichlichen Kindergeschrei im unteren Stock zu und sehe meine einst ganz lichte und frohe Existenz von Jahr zu Jahr tiefer in Prosa und Schatten versinken.“[217]

Es sind andere Gründe als die der mangelnden Vaterliebe, die Hermann Hesse zur Trennung von Familie und Kindern veranlassen, denn ein Leben lang wird er sich, wenn auch oft aus der Ferne, um die Sorgen und Nöte der Söhne kümmern. Seine Berufung als Dichter fordert ihren Tribut: die Trennung von der Familie, den

Bruno und Hermann Hesse in Montagnola, 1957

Rückzug und Neubeginn in der Tessiner Landschaft, die in ihrer
Vielfältigkeit seiner eigenen Verfassung zu entsprechen scheint.

Der Vater hilft seinen Söhnen auch finanziell. Bruno berichtet,
der Hausbau seines Eigenheims im Oschwand bei Bern sei nur mit
der finanziellen Unterstützung des Vaters möglich gewesen, die Ehefrau des leider allzu früh durch Selbstmord verstorbenen jüngsten
Sohnes Martin, Isabelle Hesse, sagt mir ebenfalls, daß der Schwiegervater den Bau ihres Hauses in Bern durch Geldzuwendungen
ermöglicht habe, und Heiner Hesse erzählt gar: „Materiell wurde
ich von Vater noch unterstützt, als ich längst Beruf und Familie
hatte, denn mein Beruf als selbständig erwerbender Schaufenster-
dekorateur war wenig lukrativ."[218]

Er hat sich also die Liebe seiner Söhne erkauft, mag jetzt mancher denken, so wie heute viele Neureiche ohne Zeit für die Anliegen ihrer Kinder deren Liebe erheischen wollen: durch die Gabe
von Geld. Wenn man aber bedenkt, wie selbstlos Hesse in Notzei-
ten, zum Beispiel während des Ersten oder Zweiten Weltkrieges,

Verwandte, in Bedrängnis geratene Schriftstellerkollegen oder einfach Bedürftige mit Geldzuweisungen unterstützte und dafür in Kauf nahm, selbst in einfachsten Verhältnissen leben zu müssen, dann mag man erahnen, daß diese Gaben an die Söhne nichts zu tun haben mit „Erkaufen" oder „Das-schlechte-Gewissen-beruhigen". Und dies wird auch weder von den früher aus Not Geretteten noch von den Hesse-Söhnen jemals so empfunden.

Es ist ein ganz anderes Problem, das ein Leben lang das Verhältnis zum in der Öffentlichkeit berühmten Vater belastet. Heiner Hesse drückt dies unverblümt aus: „Sohn eines berühmten Vaters zu sein, war für mich nicht immer leicht. Einerseits war ich natürlich stolz auf diesen Vater, auf der anderen Seite aber schämte ich mich, der ich neben diesem Großen ein Nichts war und mir auch nicht zutrauen konnte, ihm jemals ebenbürtig zu werden."[218]

Selbst in der Schule bekommt er die Last der Konfrontation mit dem „großen" Vater zu spüren: „(. . .) auch von Kameraden oder Lehrern wurde mir schmerzlich in Erinnerung gerufen und um die Nase gerieben, woran es mir fehlte: ‚Kannst du, Sohn des großen Dichters, keinen besseren Aufsatz schreiben?' Sogar meine Kinder bekamen noch ähnliches von ihren Lehrern zu hören: den Vergleich mit dem berühmten Großvater."[219]

Daß Heiner Hesse dieses Gefühl eigenen Ungenügens verinnerlicht, es nicht bei äußeren und sicher schmerzlichen Erlebnissen beläßt – und daß er dann nicht in andersartigen Beschäftigungen, im Streben nach eigener „Größe" auf einem Feld, das mit der Literatur und dem Vater nichts zu tun hat, sondern gerade in der Beschäftigung mit der Biographie des Vaters, in der Erforschung von dessen Werk und unbekannten Werk- und Lebenszeugnissen, einen Ausweg aus dem Gefühl des eigenen Ungenügens findet, ist symptomatisch für alle drei Söhne. Alle drei bleiben sie ein Leben lang in irgendeiner Form „abhängig" von dieser überdimensionalen Vater-Figur, aus deren Schatten sie nie so richtig herauszukommen scheinen. Heiner Hesse beschreibt dies so: „(. . .) mein wahres Problem [war] wohl komplexer. Einerseits stolz auf den Vater, was ich bei Gelegenheit auch meine Kameraden merken ließ und von dem ich unwillkürlich auch heute noch ein wenig zehre, andererseits das eigene Ungenügen. Dieser Zwiespalt beherrschte mich lang, und erst seit ich den literarischen Nachlaß meines Vaters gegenüber dem Verlag verwalte, an den umfangreichen Brief- und Rezensionen-Ausgaben mitarbeite, fühle ich mich sicherer. Ähnlich wie damals Ninon versuche ich nun, dem Werk meines Vaters zu dienen, so gut es geht. Und das ist eine schöne Aufgabe. Mein zwiespältiges Gefühl beeinflußte aber auch direkt mein Verhältnis zum Vater. Trotz seiner steten Teilnahme und seinem geduldigen Verständnis konnte ich nie eine ganz selbstverständliche Beziehung zu ihm finden, zumal ich in meinem Beruf wenig erfolgreich und stets von seiner Hilfe abhängig war. Heute habe ich nun meine Aufgabe. Sie ist vielfältig, denn die Mitarbeit an der Herausgabe des Nachlasses bedeutet, daß ich schwierige Manuskripte entziffern und abtippen, Korrektur lesen, in öffentlichen Bibliotheken Jahrgänge von Zeitungen durchforschen, wissensdurstige Forscher mit Daten, Hinweisen und Erklärungen verschlüsselter Texte bedienen muß. Neben diesen Anliegen kommen aber auch Leser und Sammler zu mir, die einfach den Kontakt zum Sohn ihres Dichters suchen."[220]

Auch Bruno, der ältere Sohn, hat nach dem Tod des Dichters vermehrt Arbeit übernommen, die im Zusammenhang mit dem Werk des Vaters steht: „Nach seinem Tod habe ich es übernommen, seine Post zu beantworten. Da erst erkannte ich, mit wie viel Arbeit dies verbunden war (. . .) Wir hatten vereinbart, daß mein Bruder Heiner den Verkehr mit dem Verlag besorgt und ich die Korrespondenz mit den Lesern usw. Es kamen ja noch massenhaft Briefe nach Montagnola, von wo sie mir dann geschickt wurden (. . .) Auch heute erreichen mich noch recht viele Briefe von Hesse-Lesern. Zum Teil ist dies aber Korrespondenz, die ich schon seit Jahren, oft auch seit dem Tod meines Vaters, führe"[221], erzählt er.[222]

Dem Vater am ähnlichsten war wohl Sohn Martin, und zwar „äußerlich als auch von der Art der Persönlichkeit her"[223], wie Bruno Hesse bestätigt. Der jüngste Hesse-Sohn, 1911 noch in Gaienhofen am Bodensee kurz vor des Vaters Indien-Reise geboren, hat als junger Student am „Bauhaus" erste fotografische Erfahrungen gesammelt. Dem folgen zahlreiche Reihen fotografisch-künstlerischer Darstellungen – zum Beispiel von des Vaters Heimatstadt Calw – in den frühen dreißiger Jahren.[223a] Mit äußerster Intensität wendet sich Martin Hesse der Fotografie zu, er läßt sich in Bern als freier Fotograf nieder, und viele charakteristische Porträt-Aufnahmen seines Vaters sind erhalten und haben später Einzug gehalten in Bildbände und die zahlreiche Sekundärliteratur zu Hermann Hesse.

Hermann Hesse erkennt diese geistige Verwandtschaft in der Un-

Martin und Hermann Hesse, um 1957

bedingtheit seines Sohnes, mit der dieser sein Werk weiterverfolgt und danach trachtet, die Gestalt des fotografierten Objekts zur Geltung kommen zu lassen, wenn er Martin im Jahr 1933 schreibt: „Ich finde bei all deinen Bildern etwas Originelles, und zwar ganz einheitlich, sie haben für mich etwas von dir, von deinem Gesicht und deiner Art, ich würde die meisten als von dir gemacht erkennen, auch wenn ich's nicht wüßte (. . .)"[224]

Martin Hesse arbeitet an seinen Werken mit ähnlicher, verbissener Sorgfalt, mit der gleichen Ausdauer wie sein Vater. Auch ihm ist das Handeln um des kommerziellen Erfolges oder eines öffentlichen Ruhmes willen fremd.

Aber auch umgekehrt ist die Beziehung Martins zum Vater vielleicht eine innigere als die der anderen Söhne. Martins Frau Isabelle Hesse berichtet, daß der Tod des Vaters folgenschwer für Martin Hesse bleiben sollte: Mühsame Verhandlungen, die sich über Jahre hinziehen, und schwierige Entschlüsse, die den Nachlaß des Vaters betreffen, belasten ihn schwer.

Dieser gespannten Intensität ist Martin Hesse auf Dauer nicht gewachsen, depressive Phasen häufen sich, und im Oktober des Jahres 1968 scheint ihm nur noch der eine Ausweg zu bleiben: der Selbstmord, scheinbar die letzte Konsequenz eines in solcher Unbedingtheit gelebten Lebens. Ein Leben „zwischen hohen und lichten Punkten und tiefen Schatten hin und her gerissen", schreibt Frau Isabelle Hesse, dabei – und hier wieder ein direkter Anknüpfungspunkt an den Vater Hermann Hesse – immerzu ein Wesen, geprägt von einer „Ritterlichkeit und Güte, wie sie in der heutigen harten Welt nur noch selten anzutreffen sind".[225]

Nach dem Tod von Isabelle Hesse sind im Nachlaß bisher unveröffentlichte Tagebuchaufzeichnungen ihres Ehemanns Martin Hesse über Besuche beim Vater aufgetaucht[225a], Notizen, die Aufschluß geben über das Verhältnis Hermann Hesses zu seinem jüngsten Sohn. Martin Hesse berichtet darin über das tägliche Leben in Montagnola: die Korrrespondenz des Vaters, seine Gartenarbeit, gemeinsame Ausflüge, die Schreibarbeit Hermann Hesses. Ein Beispiel: „Ein Flüchtling aus dem Osten schreibt an Vater um Hilfe, seinem Sohn wurde von deutschen Polizisten die Hand abgeschossen. – Vater schreibt 3 Briefe; einen an den Flüchtling, einen an seinen Verleger, mit der Bitte, dem Manne 50 DM zu geben aus seinem Konto, und einen an X mit der Bitte, dem Manne mit Rat beizustehen. Dies ist einer unter Hunderten, die an Vater schreiben", notiert Martin Hesse unter dem 17. Juni 1951. Oft sitzen Vater und Sohn an den Abenden beieinander, hören Musik oder unterhalten sich über geistige Dinge. Am 19. Juni 1951 heißt es im Tagebuch: „Die zwei größten Wunder sind für Vater Musik und Sprache. Er erklärt mir, wie geheimnisvoll die Sprache ist, wo jedes Wort schwer beladen ist mit tausend Assoziationen, die beim Schreiben immer etwas ganz anderes aus dem Gewollten entstehen lassen (. . .) Viel höher als all unsere Sprachen sei aber das Griechische."

Über das eigene Schreiben gibt sich Martin Hesse keiner Illusion hin: er findet es im Vergleich zu seinem Vater völlig ungenügend: „Ach, das Schreiben ist so unvollkommen und Stümperei bei mir", vertraut er am Karfreitag 1954 seinem Tagebuch an und fährt fort – wobei das Gefühl der eigenen Unvollkommenheit zurücktritt hinter eine fast apotheotische Beschreibung der allgegenwärtigen „Überfigur": „Vater ist eine so überragende Persönlichkeit, so weise, so ausgeglichen, jede kleinste Geste sinnvoll oder voller Anmut und Kraft, nichts Halbes, Zagendes, alles voll und ganz, einfach herrlich (. . .)"

IX

Montagnola

Vom Neubeginn des Dichters zum Alterssitz des Glasperlenspielers

„Die Tessiner Landschaft, die ich im Jahr 1907 zum erstenmal gründlicher kennenlernte, hat mich stets wie eine vorbestimmte Heimat, oder doch wie ein ersehntes Asyl, angezogen (. . .) Seit Jahren ist es mein Wunsch, ein Häuschen und ein wenig Land in der Luganeser Gegend zu besitzen und meine Tage hier zu beenden. Denn auch die Tessiner liebe ich sehr, nicht nur ihre Landschaft und ihr Klima." [226]

Mit dieser Hommage an seine Wahlheimat seit 1919, das Tessin und das kleine Dorf Montagnola über Lugano und dem Luganer See, dankt Hesse einer Landschaft und einem Menschenschlag für die Aufnahme, die ihn aus den Banden des festgefahrenen Daseins befreien und hineinführen kann in eine Existenz, deren literarisches Ergebnis auch als Ausdruck dieser Befreiung gesehen werden darf.

Montagnola auf der Collina d'Oro im Tessin (hist. Foto)

Während der mehr als vierzig Lebensjahre, die Hesse im Tessin verbringt, schreibt er seine wichtigsten Werke: „Demian", „Klingsors letzter Sommer", „Siddhartha", „Der Steppenwolf", „Narziß und Goldmund", „Die Morgenlandfahrt" und schließlich „Das Glasperlenspiel", die Summe des Denkens und Dichtens von Hermann Hesse, wie dieser Roman oft bezeichnet wird.

Der Hermann Hesse, wie ihn die meisten seiner Leser kennen, ist also der im Tessin lebende. Von vielen, vor allem von Kritikern, hartnäckig als „Eremit" und „gärtnernder Dichter" bezeichnet, begleiten die Werke des Dichters die in den sechziger und siebziger Jahren aufkeimende Jugendbewegung, zunächst in den USA, dann überschwappend auf Europa und Deutschland. Die Jugend fühlt sich im Innersten angesprochen, für viele wird Hesse mit seinem Werk, vor allem mit dem Roman „Der Steppenwolf", zum Guru auf ihrem Weg „nach innen".

Als ich in Montagnola nach der „Casa Hesse" suche, jenem zweiten Haus im Tessin, in dem Hesse mit Frau Ninon ab 1933 lebte, kreuzen zwei Damen meinen Weg, die eine über fünfzig, mit Hut, die andere wesentlich jünger, wahrscheinlich ihre Tochter, mit einem Buch in der Hand, einem Reiseführer. „Sagen Sie", spricht mich die ältere an, „sieht man von da unten das Haus besser?" Auf meine Frage, welches Haus sie denn meine, antwortet sie in einer Selbstverständlichkeit, die mich fast erschrecken läßt: „Na, das Hesse-Haus!" Auch durch meine Antwort: „Man sieht nicht viel mehr als eine hohe Hecke" läßt sie sich nicht abschrecken und zieht ihre jugendliche Begleiterin weiter den schmalen Weg hinab. „Wissen Sie", ruft sie mir noch nach, „wir waren schon überall, wo Hesse gelebt hat. Nur hier noch nicht."

Solche Besucher sind typisch, werde ich kurz danach von einem Montagnoleser Bürger erfahren: Menschen aller Altersstufen und Nationalitäten, die mit Reiseführern und Hesse-Büchern durch Montagnola pilgern, ab und zu auch welche, die mit dem Roman „Klingsors letzter Sommer" durch den „Klingsor-Garten" der „Casa Camuzzi", der ersten Wohnung Hesses im Tessin, schleichen.

Es ist für mich nicht der erste Besuch in Montagnola. Als ich früher schon einmal durch das verwinkelte Dörfchen wanderte, war ich ob dessen Lage auf dem Berg über Lugano und der einzigartigen Sicht auf den Luganer See hinab genauso begeistert wie auch heute wieder. Ein Glück, klärt mich der Einheimische auf, auch da-

*„Casa Camuzzi" in Montagnola mit Klingsor-Garten und Klingsor-Balkon
rechts oben (Aufnahme von 1992)*

mals müsse die gleiche klare Sicht geherrscht haben wie heute,
manchmal sei das ganze Tal aber nebelverhangen. Jedenfalls be-
ginne ich zu verstehen, warum sich Hesse gerade diesen Ort im Tessin als Wahlheimat aussuchte: Der Bann der Weite in Verbindung
mit der „Magie der Farben" dieser Landschaft, die freie Sicht auf
See und Berge über Kilometer hinweg umfängt auch mich, als ich
einige Augenblicke auf der Collina d'Oro verweile.

Mein erster Gang war auch bei jenem früheren Besuch der zum
Grab von Ninon und Hermann Hesse auf dem Friedhof unterhalb
des Dorfes gewesen. Eine Gruppe amerikanischer Besucher kam
gerade an, Hesse-Jünger, die den Gang zum Grab ihres Dichters zu
einem wahren Happening gestalteten: Mit Riesen-Blumengebinden
überhäuften sie die Grabstelle, sie knieten sich demonstrativ am
Grab ihres Dichters nieder und fotografierten und filmten sich ge-
genseitig.

Heute ist es ruhig auf dem Friedhof, frische Blumen zwar am Grab
von Ninon und Hermann Hesse, aber keine showveranstaltenden
Amerikaner. Was bleibt, sind zwei Namen: Hermann Hesse und
Ninon Ausländer, sonst nichts. Kein Hinweis auf den Literatur-No-

Straßenschild „Via Hermann Hesse" in Montagnola (Aufnahme von 1992)

belpreis, nicht einmal ein schlichtes Schild, daß hier einer der meist-
gelesenen Dichter des ganzen Erdballs begraben liegt. Sollte an dem
Ort, wo Hesse mehr als vier Jahrzehnte seines Lebens verbrachte
und einige seiner wichtigsten Werke schrieb, am wenigsten Aufhe-
bens von seiner Popularität als „Dichter der Jugend", als Leitbild
für Millionen Menschen der Friedensbewegung, gemacht werden?

Auch an der „Casa Camuzzi", jenem schloßähnlichen, herrschaftlichen Gebäude im Zentrum des Dorfes erinnerte lange Zeit
kein äußeres Zeichen mehr an den Dichter. Nur der Briefkasten,
auf dem in künstlerisch geschwungenen Lettern bis vor kurzem der
Name „Böhmer" zu lesen war, ließ Eingeweihte noch an die Zeit
denken, als hier der Hesse-Freund und Maler Prof. Gunter Böhmer wohnte und droben, auf der Collina d'Oro, der Dichter. Auch
Ursula Böhmer, die Frau des Malers, die nach dessen Tod weiter
in dem Haus inmitten der Bilder und Zeichnungen, der bildnerischen Zeugnisse des über der Freundschaft mit Hesse doch stets
seine künstlerische Eigenständigkeit Bewahrenden lebte, ist inzwischen verstorben. Die Casa wurde von der Familie Camuzzi – trotz
der Bemühungen des Hesse-Sohns Heiner, Investoren für das Gebäude zu finden, um dort eine große Hesse-Gedenkstätte einzurichten – verkauft und danach in Eigentumswohnungen aufgeteilt.

*„Bitte keine Besuche" - das von Freund Böhmer gemalte und an der
Auffahrt zur „Casa Hesse" angebrachte Schild*

Erst in letzter Minute ist es einem zu diesem Zweck von Heiner
Hesse gegründetem Verein gelungen, wenigstens den Turm an der
„Casa Camuzzi", in unmittelbarer Nachbarschaft zur einstigen Wohnung Hesses gelegen, für die Einrichtung eines kleinen Museums
zu erhalten. So ist nun seit dem Sommer 1997, runde 70 Jahre, nachdem Hesse aus diesem ersten Wohnsitz im Tessin ausgezogen war,
in Montagnola erstmals eine Erinnerungsstätte an den großen Dichter eingerichtet worden, das „Museo Hermann Hesse Torre Camuzzi".

Aber auch der Garten der „Casa Camuzzi" erinnert noch an
Klingsors Garten mit all seiner sommerlichen Blütenpracht, die
Pflanzen scheinen die Wege überwuchern, scheinen in den Himmel wachsen zu wollen. Droben Klingsors Balkönchen, der Balkon
zu der kleinen Wohnung, in der Hesse nach seiner Ankunft in Montagnola wohnte: Man meint, der Dichter oder seine Malerfigur
bräuchten nur herauszutreten und in die Mittagssonne zu blinzeln.

Den steilen Weg hinauf auf die Collina d'Oro komme ich ins
Schwitzen. Die ein unerhört helles Licht zaubernde Sonne des Tessins brennt auf den Berg herab, und um so mehr überrascht bin ich,
nachdem ich mich der Hauptstraße entlang den Berg hinaufge-
kämpft habe, eine Straße zu entdecken, die nach dem Dichter be-

*Auffahrt zur ehemaligen „Casa Hesse", heutiger Zustand, gesichert mit Tor
und Video-Kamera (Aufnahme von 1992)*

nannt ist: Via Hermann Hesse. Hier also wird sich sicher auch das
Haus finden, das ihm der Mäzen H. C. Bodmer baute und auf Lebzeiten als Wohnung zur Verfügung stellte.

Ich bin vorgewarnt: Der heutige Besitzer, angeblich der dritte seit
Hesses Tod, lasse keine Besucher ein. Auf dem Weg zum Haus stoße
ich noch auf einen Gedenkstein, den die Kommune Montagnola
zum 100. Geburtstag Hesses nur wenige Meter von der Auffahrt
zur „Casa Hesse" an einer Stelle plazierte, die eine ungehinderte
Weitsicht über den Luganer See hinweg auf die gegenüberliegenden Berge erlaubt. Es bestätigt sich, noch bevor ich die beiden auf
Hesses Spuren befindlichen Damen treffe: Das Tor zur Auffahrt
zum Hesse-Haus ist verschlossen. Wie zu früheren Zeiten, als das

Schild „Bitte keine Besuche" angebracht war, verbietet auch heute ein kleines Schild, dem Haus allzu nahe zu kommen – was jetzt sogar durch eine Video-Kamera überwacht wird. Ich erinnere mich an die Aussage von Heiner Hesse, der zusammen mit den anderen Söhnen nach Hesses Tod versuchte, finanzielle Mittel zum Kauf des Hauses zu erhalten, um dort eine Forschungsstelle für Germanisten und Hesse-Forscher einzurichten: „Nach Ninons Tod im Jahr 1966 mußte das Haus in Montagnola geräumt und Bodmers zurückgegeben werden. Die Bibliothek kam dann nach Bern. Der Verleger Dr. Unseld und wir Söhne hätten gern das Haus von Bodmers abgekauft, aber nicht nur der Kaufpreis, sondern vor allem die Kosten der zukünftigen Wartung durch einen Kustoden, des Gartens durch einen Gärtner, verhinderten dieses Vorhaben. Anfragen beim Kanton Tessin, ob man bereit wäre, das Haus als Gedenk- und Arbeitsstätte zu übernehmen, blieben ohne Erfolg. Allzu gern hätten wir die umfangreiche Bibliothek und viel Mobiliar dort im Haus zu einem solchen Zweck belassen, aber das scheiterte am mangelnden Interesse und am fehlenden Geld der in Frage kommenden Behörden."[227]

Als Hesse von dem befreundeten Maler Carl Hofer[228] auf Montagnola und dort auf die Casa Camuzzi, dieses „Palazzo, Imitation eines Barock-Jagdschlosses"[229] hingewiesen wird, ist er „ein Mann in den besten Jahren"[230] und gewillt, von vorn anzufangen. Und dies in einer Landschaft, die in ihren Gegensätzen, in ihrer farblichen Ausdruckskraft und der Leuchtkraft ihres Lichtes seiner eigenen Verfassung zu entsprechen scheint: Der Ausgang des Ersten Weltkrieges zeitigt nämlich auch für Hesse fatale Folgen. Kaum mehr ein Honorar kommt aus Deutschland, die Trennung von der Familie mit den Sorgen um die Unterbringung der psychisch kranken Frau und der minderjährigen Söhne gehen nicht spurlos an dem Dichter vorüber.

Er entschließt sich also zu einem Neubeginn in diesem Dorf Montagnola – „zwar kein ärmliches und geducktes [Dörfchen] wie manches andere in der Gegend, aber doch ein bescheidenes, kleines und stilles, in dem es zwei, drei neuere Landhäuser gab, das aber einen vorwiegend bäuerlichen Anblick bot".[230]

Noch während er in Gaienhofen lebt, ist Hesse auf seinen zahlreichen Reisen durch die Schweiz und nach Italien bereits durch das Tessin gekommen, und er fühlt sich gleich angezogen von dieser Landschaft, von der „Magie der Farben", die ihn hier, im mediterranen Klima der Südschweiz, aufnimmt.

Dem Hinweis Carl Hofers folgend, nimmt Hesse ab 1919 Wohnung in der „Casa Camuzzi": „(. . .) im lustvollen Überwinden großer Terrainschwierigkeiten hat dieser halb feierliche, halb drollige Palazzo ganz verschiedene Ansichten. Das Portal des Hauses führt pompös und theatralisch eine fürstliche Treppe hinab in den Garten, der in viele Terrassen mit Treppen, Böschungen und Mauern sich bis in eine Schlucht hinab verliert und in dem alle südlichen Bäume in alten, großen Prachtexemplaren vorkommen, ineinander verwachsen, von Glyzinen und Clematis überwuchert (. . .)"[231]

Seine eigene Situation in jener Zeit ist nicht als rosig zu bezeichnen: „(. . .) ich war jetzt ein kleiner abgebrannter Literat, ein abgerissener und etwas verdächtiger Fremder, der von Milch und Reis und Makkaroni lebte, seine alten Anzüge bis zum Ausfransen auftrug und im Herbst sein Abendessen in Form von Kastanien aus dem Walde heimbrachte."

Was erwartet Hesse von seinem Neubeginn im Tessin? Nach den mißglückten Versuchen eines bürgerlichen Lebens möchte er zunächst „Versäumtes einholen"[232]. Was aber ist seine „eigentliche Aufgabe", zu der es ihn drängt? Hesse gibt die Antwort selbst: „Ich schrieb noch in diesem Sommer hintereinander den ‚Klein und Wagner' und den ‚Klingsor', und entspannte mein Inneres so weit, daß ich im folgenden Winter den ‚Siddhartha' beginnen konnte."[218]

Hesse wird von dieser Landschaft des Tessins, von ihrer Farbigkeit und der üppig wachsenden Pflanzenwelt regelrecht in Bann gezogen. Er sieht von seinem Balkon aus, dem Balkon Klingsors im oberen Stockwerk, auf den wild wuchernden Garten des Camuzzi-Hauses hinab, ein Beispiel en miniature für die Farbenpracht der Tessiner Vegetation: „Unter ihm sank tief und schwindelnd der alte Terrassengarten hinab, ein tief durchschattetes Gewühl dichter Baumwipfel, Palmen, Zedern, Kastanien, Judasbaum, Blutbuche, Eukalyptus, durchklettert von Schlingpflanzen, Lianen, Glyzinen. Über der Baumschwärze schimmerten blaßspiegelnd die großen blechernen Blätter der Sommermagnolien, riesige schneeweiße Blüten dazwischen halbgeschlossen, groß wie Menschenköpfe, bleich wie Mond und Elfenbein, von denen durchdringend und beschwingt ein inniger Zitronengeruch herüberkam."[233]

Der Maler Hermann Hesse

Bereits während des Ersten Weltkrieges hat Hesse ernsthaft begonnen, zu malen. Gedichte werden mit Zeichnungen und Aquarellen illustriert – zunächst um Bedürftige und insbesondere die Kriegsgefangenenfürsorge, für die er während des Krieges in Bern arbeitet, zu unterstützen, denn Hesse verkauft solcherart illustrierte Texte an Liebhaber und verwendet den Erlös für seine Arbeit in der Kriegsgefangenenfürsorge wie auch für sonst Bedürftige.

Das Malen dient ihm aber auch als Erholung von der Schreibarbeit – es wird ihm dabei nie zum bloßen Freizeitvergnügen eines Hobbymalers, sondern er nimmt diese Kunst und Arbeit durchaus ernst: „Es gibt jetzt für ein paar Stunden keine Bücher, kein Studierzimmer mehr. Es gibt nur die Sonne und mich und diesen hellzarten, apfelgrün durchschimmerten Septembermorgenhimmel und das strahlende Gelb des herbstlichen Laubes der Maulbeerbäurme und Reben. Ich habe mein Malstühlchen in der Hand, das ist mein Zauberapparat und Faustmantel, mit dessen Hilfe ich schon

Hesse beim Malen im Tessin, 1937

173

tausendmal Magie getrieben und den Kampf mit der blöden Wirklichkeit gewonnen habe", schreibt er im Jahre 1920.[234] Allmählich scheint für Hesse das Malen sogar zur Bedingung für sein Schreiben zu werden: „Ich habe in diesen Jahren, seit ich mich mit dem Malen beschäftige, zur Literatur allmählich eine Distanz bekommen, die ich nicht hoch genug einschätzen kann, und zu der ich keinen andern Weg gewußt hätte (. . .) Als Dichter wäre ich ohne das Malen nicht so weit gekommen", läßt er im Jahre 1924 wissen.[235]

Das Malen macht ihn „froher und duldsamer", und die Malerei ermöglicht es Hesse – wie auch seine Denkarbeit an Texten –, im Besonderen das Gesetz des Allgemeinen zu erkennen; Gedanken, die sich wiederum literarisch niederschlagen: „Ich finde, die Wirklichkeit ist das, worum man sich am allerwenigsten zu kümmern braucht, denn sie ist, lästig genug, ja immerzu vorhanden, während schönere und nötigere Dinge unsre Aufmerksamkeit und Sorge fordern. Die Wirklichkeit ist das, womit man unter gar keinen Umständen zufrieden sein, was man unter gar keinen Umständen anbeten und verehren darf, denn sie ist der Zufall, der Abfall des Lebens. Und sie ist, diese schäbige, stets enttäuschende und öde Wirklichkeit, auf keine andre Weise zu ändern, als indem wir sie leugnen, indem wir zeigen, daß wir stärker sind als sie."[236]

Er nimmt nie für sich in Anspruch, ein „guter" oder vollkommener Maler werden zu wollen. Trotzdem scheinen Malausflüge mit Hermann Hesse auch auf professionelle bildende Künstler einen ganz besonderen Reiz auszuüben. Sowohl Sohn Bruno Hesse, selbst Maler, berichtet heute noch fasziniert von gemeinsamen Malausflügen mit dem Vater, als auch der Freund Gunter Böhmer. Dieser Maler, Zeichner und geniale Illustrator, einer der besten Montagnoleser Freunde des Dichters, erzählt in eindrücklicher Farbigkeit von einem Mal-Tag mit Hesse:

Malausflug mit Hermann Hesse
von Gunter Böhmer (1936)

Es war ein heißer Juninachmittag, und ich schlenderte durch unser enges Dörfchen zum Hessehaus hinauf mit dem ungefähren Gedanken, den Gemüsegarten zu gießen oder Erdbeeren zu pflücken.

Als ich zu dem kleinen Platz vor dem roten Haus einbog und auf die Haustürklingel zusteuern wollte, geschah indes schon etwas besonderes: Hesse erschien im Bogen seiner eigenen kleinen Haustür und winkte mir. Ich schlüpfte hinein und stand nun in dem geräumigen, großfenstrigen Atelier seiner jünglingsschmalen Gestalt und seinen wachen Blicken gegenüber. Wir waren bereits in Gartengespräche geraten, als er scheinbar flüchtig meinen Skizzenblock gewahrte, den ich wohl unbewußt aus der Hosentasche gezerrt hatte und in der Hand hielt. Aber schon sah ich ihn auf seinem langen Tisch zwischen Papieren, Briefbildchen, Malgeräten hantieren und begriff freudig überrascht seinen plötzlichen Entschluß: Malengehen. Er prüfte seine Palette, befestigte Malpapier mit Gummibändern auf einem Brettchen und füllte die kleine Malwasserflasche, Dinge, die mir absonderlich, lehrreich und interessant schienen und deren Klingsorursprung und Bewährung er mir schnell und präzis erklärte (ohne jedoch von mir recht eingesehen zu werden). Ebenso rasch wurde alles im Rucksack verstaut, jenem treuen, tröstlichen Zauberbeutel unzähliger Wanderungen, der neben Gartenhüten immer auf einem der kleinen Klappstühlchen im Atelier liegt. Schon saß der gebräunte Strohhut auf seinem zierlichen, genaugeformten Kopf, schon hing der Rucksack lässig über der linken Schulter, schon klemmte das zusammengeklappte Malstühlchen unter dem rechten Arm: wir konnten losziehen (. . .)

Und zwar ging es ohne jedes Zögern den kleinen Treppenweg hinab durch den Garten, der nach der Seeseite hin abfällt. An Weinreben entlang, zwischen deren leuchtenden Blattflächen der Luganer See in seinem tiefen, gedämpften Blau stand, an Maulbeerbäumen vorüber, unter Pfirsichbäumen hin, in deren Gezweig wie Früchte die Häuser von Pazzallo hingen, das vom Monte Salvatore herüberleuchtete. Übrigens ging Hesse ab und zu in hüpfenden Sprüngen, blieb auch öfters stehen, bückte sich und prüfte die Röte der Erdbeeren oder zupfte ein Unkräutchen heraus. – Jetzt waren wir schon unten am Gemüsegarten angekommen, beim unteren Stall, dem palazzo dei gatti, dessen einer Raum Gartengeräte enthält und aus dem mir Hesse mit selbstverständlicher Gebärde einen Malklappstuhl hervorzauberte. Ich war froh, natürlich. Zumal wir nun hintereinander am Spargelbeet vorbei zur Quellengrotte gingen. Benissimo, denke ich, das ist die Richtung zum Gartentor, vielleicht gehen wir zum Roccolo oder vielleicht zum Grotto. – Ja, die

Malausflug mit Hermann Hesse. Federzeichnung
von Gunter Böhmer, 1936

Spargeln müßten auch mal Wasser bekommen, höre ich. Wie, denkt
denn Hesse nicht mehr ans Malen? Nein. Wir laufen plötzlich wieder zurück, wieder am Stall vorbei, dann aber unter den Sonnen-
blumenköpfen hinweg den Weg zum Waldrand hin. Ja, Hesse denkt
noch ans Malen, ich sehe, wie sein Blick plötzlich etwas scharf packt.
Hier sind wir „sur le motif". Wir klappen unsere Stühlchen auseinander, Hesse sitzt vor mir, legt seinen Rucksack ins Gras, nimmt
sein Malbrettchen heraus, und ich bemerke mit höflicher Rührung,
daß auch er ein wenig geniert ist. Da sitzen wir und schweigen und
sehen, beobachten, betrachten, studieren. Eigentlich möchte ich
mich jetzt wegschleichen, ihn alleinlassen, – aber er ist schon allein.
Er ist schon nicht mehr der „Herr Hesse", ist längst „besessen", ist
Auge, Maler, Arbeiter geworden, nur dem Sehen hingegeben (. . .)
Er ist Klingsor und Knulp, Siddhartha und Goldmund, ist Steppenwolf und Morgenlandfahrer, ist Ludi Magister, und das kleine
Stück Landschaft vor ihm, der Gartenweg und der Rebhügel mit
seinem Haus, ist schwäbisch oder japanisch, tessinisch oder mor-
genländisch, ist einfache Gleichniswelt für ihn geworden: Berg,
Baum, Haus, Himmel. – Lange sitzt er so, still und scharf beob-

achtend, das kleine Brett auf den Knien und den Stift in der Hand. Wie gut, wie richtig, wie weise ist das. Mir fällt dabei jenes Lehrgedicht ein, das mein unvergeßlicher Meister Emil Orlik uns Schülern ins Atelier hing: „Betrachte lange, was Du zeichnen willst, mach Dich vertraut mit dem Objekt (. . .)"

Jetzt sehe ich Hesse mit ein paar zaghaft-zügigen Bleistiftstrichen das Blatt aufteilen, dann hastig Malwasser ins Näpfchen schenken, die Palette aus dem Rucksack reißen, den Pinsel eintauchen: Der Farbenkampf beginnt. Rasch sitzt das Krapprot des Hauses auf dem Papier und gleich das durchsichtige Blau des Spätnachmittaghimmels daneben. Das Rot scheint ihm etwas zu wenig Substanz zu haben. Mit grimmiger Freude tupft und bohrt er im Deckweiß herum. Beim Verwenden von Deckweiß erschauere ich, muß mir aber gleich eingestehen, wie gewissenhaft da ein Dichter, ein so reiner Dichter, malt. Gar nicht dichtet, gar nicht erzählt oder fabuliert, nichts über Stimmungen mit Farben aussagt, sondern sich nur um formale Ordnungen bemüht, mit ganzer Liebe, Reinheit und Ausschließlichkeit: malt. Das Haus wird als Haus zu geben versucht, der Rebstock als Rebstock, kein verschwommener Lichteindruck wird erstrebt, sondern eine Gegenständlichkeit, mit deren festgelegten Flächen zugleich ein ernsthaftes Spiel gespielt werden soll. Zwar bemerke ich, wie ihm das Grün da unterm Haus ein wenig zu sehr Spaß macht und wie er in die Feigenbaumblätter auf einmal allzu verliebt scheint. Aber warum soll er sich das nicht erlauben können? Er, der so unvergleichlich über seine eben noch sehr ernstgenommene Malerei lächeln kann. Wie reif und frei ist das und welche zarte, innige Freude gewährt sein aufmerksames, intensives Spiel. Wie kindlich rein sitzt er da, dem langsam dunkelnden Garten und dem abendklaren Himmel gegenüber, so, als betrachte er das alles zum ersten Male, was er in solcher Eindringlichkeit tausendfach und tausendfältig in sich gespiegelt hat. Könnte ich ihm doch jetzt die kleine, weiße Wolke fangen und schenken, die da über dem Monte Bré schwimmt!

Ein Besuch ist gekommen? Ja, daran ist nichts zu ändern. Zögernd und traurig sehe ich Hesse aufhören und sein Malzeug einpacken. Still gehen wir durch den Garten hinauf zur Bocciabahn, da steht ein Herr (. . .) Ich gehe heim und sehe Lugano und den weiten Seearm von Porlezza im Abendschein liegen, ein Segelboot leuchtet noch auf. Und jetzt liegt unser Dorf vor mir, mit dem Turm der Gobelinweberin und meinem Treppengiebel. Von Pambio wehen verlorene Glockenklänge herauf und im Camuzzigarten spielt der kleine Dante auf der Flöte. Wie friedlich liegt diese holde Ländlichkeit da und wie bedaure ich, daß der Herr kam.[237]

Gunter Böhmer – Maler, Freund Hesses und Illustrator zahlreicher Hesse-Texte

„Lesen Sie die Böhmer-Erinnerungen", antwortete mir Ursula Böhmer[238], des Malers Frau, als ich sie bitte, über einige persönliche Erfahrungen mit Hermann Hesse zu berichten. „Böhmer und Hesse waren ‚Brüder im Geiste', es herrschte bei ihnen eine Übereinstimmung ohne große Worte, eine Übereinstimmung schon in ganz einfachen Dingen. Für meinen Mann wie für mich war Hesse nie der Gott, der er für andere gewesen sein mag. Das Leben in Montagnola spielte sich mehr im Alltag ab. Ich wurde, als ich 1945 nach Montagnola kam, sofort von Hesse aufgenommen. Dies war aber für mich nicht die Hauptsache. Hauptsache war, daß ich mit meinem Mann zusammen sein konnte."

Also kümmere ich mich um die vorliegenden schriftlichen Erinnerungen des Malers Gunter Böhmer an seine Freundschaft zu dem Dichter.

„Hesse klopft leise an meiner Camuzzihaus-Tür. Er springt die Stufen zum Atelier herein, steht sofort am Zeichentisch, sieht alles. Zu spät, ein Bündel Zeichnungen zu verstecken, das neben meinen Calwer Reise-Studien und ersten Tessin-Aquarellen lag. Ich überwand mich, zeigte alles. Er nimmt Blatt für Blatt nah ans Gesicht, starrt jedes mit scharfen, glitzernden Augen an, behält zwei keineswegs gefällige Farbzeichnungen in der Hand und zischt – mich aus nahester Ferne hypnotisch durchleuchtend – nur zwei Worte: ‚verflucht lebendig!' Das war der eigentliche Beginn einer lebenslangen Verbundenheit, eines zwiefachen, offenen, phrasenlosen Erkennens und Erkanntwerdens, das auch harte Prüfungen und Kämpfe auferlegte, die in freier Dankbarkeit bestanden werden mußten (. . .)" – so beschreibt Gunter Böhmer[239] den Beginn der Freundschaft mit Hermann Hesse, einer Künstler-Freundschaft, die Jahrzehnte dauern und viele Zeugnisse gemeinsamer und gegen-

Der Maler und Hesse-Freund Gunter Böhmer

seitig sich anregender künstlerischer Arbeit mit sich bringen sollte.
Eine Freundschaft, die sich auch nicht erschöpft in der Funktion
Böhmers als „Gärtnergehilfe" des alternden, nach außen hin
scheinbar zurückgezogen lebenden Dichters, als der Hesse in seinen späteren Jahren oft dargestellt wird[240]: „Ich war – um eine Wen-
dung Hesses zu gebrauchen – sein ‚Gartenbruder' von 1933 (meiner Übersiedlung in die Casa Camuzzi) bis in die sechziger Jahre
(dem Beginn meiner Stuttgarter Akademietätigkeit). In diesen Zeiten stand nicht nur meine Staffelei oft zwischen Hesses Rebstöcken,
lagen nicht nur meine Skizzenbücher neben seinen Gärtnergeräten:
vor allem schleppten wir gemeinsam Gießkannen und Mistkübel,
schaufelten einen Gartenweg aus, spielten zwischendurch zur Erholung eine Partie Boccia, feierten mit nachbarlichen Freunden die
arbeitsfrohen Vendemmia-Feste, sammelten jederzeit Laub für
die kultischen Feuer, schwiegen, sprachen, lachten miteinander
(. . .)"[241] So Böhmer rückblickend. Die Freundschaft ging aber weit
über diese gemeinsamen Tätigkeiten hinaus. Eine „Schlüsselbezie-
hung" für beide, meint Ursula Böhmer zu der fruchtbaren Wech-
selbeziehung des Malers zum Dichter und umgekehrt.

179

Gunter Böhmer wurde am 13. April 1911 in Dresden geboren, besuchte dort das Gymnasium und studierte Malerei, Graphik und Germanistik, dann an der Akademie in Berlin Malerei bei Emil Orlik und Hans Meid.

Bereits als fünfzehnjähriger Gymnasiast machte Gunter Böhmer in den „Dresdner Neuesten Nachrichten" erstmals Bekanntschaft mit einem Hesse-Text, und zwar „Ein Malabend". „Bezaubert", schreibt er einige Jahre später, als 21jähriger, in einem Leserbrief an Hermann Hesse, habe ich fortan im Geiste mit dem Dichter dessen „Farben" gemischt, zu „erlaubten und unerlaubten Zeiten".[242]

Bald entwickelte sich zwischen beiden eine Korrespondenz. Über die dann folgende Zeit schrieb Böhmer 1976 rückblickend: „Ich hatte 1933 mein Akademiestudium in Berlin abgeschlossen, erste Schüsse hatten Fenster zerschlagen neben meiner Malstudentenbude, in der so mancher illustrierte Brief nach Montagnola, das scheinbar irdische Paradies, geschrieben wurde, bis von dorther der Vorschlag eintraf, in diese ‚sagenhaften Gegenden' aufzubrechen. Anfang Mai 1933 zog ich in die Casa Camuzzi ein (und bin heute noch dort)."[243]

Der junge Kunststudent hatte den Dichter schon 1932 von seinem Vorhaben wissen lassen, Radierungen zu dessen Werken auszuführen, und er übersandte auch gleich eine Reihe von Arbeiten zur Begutachtung durch den Dichter. Hesse antwortete nur wenige Tage später: „Es ist Ihnen gelungen, mir eine Freude zu machen, das schätze ich hoch, es ist selten", und er fügte dem Brief die besagte Einladung an, ihn doch einmal zu besuchen, wenn Böhmer „in der Schweiz oder auf der Durchfahrt nach Italien" sei.[244]

Mitte April 1933 schließt Böhmer sein Akademiestudium ab und macht sich auch gleich auf den Weg, der Einladung „seines" Dichters zu folgen. Einen Monat lang ist er unterwegs: Er besucht auf der Reise in den Süden jene Orte, die ihm aus den Werken Hesses längst bekannt sind: Bamberg, Würzburg, Maulbronn und Calw. „Dort wollte ich – immer zeichnend – alle Hesse-Stätten erkunden, allein, Hinweise abwehrend, ausschließlich geführt von des Dichters Schriften und bemüht, aufsteigende künstlerische Beunruhigungen noch zu bändigen mit Corots Mahnung: ‚Confidence et conscience'."[245]

Hesse berichtet am 21. Juni 1933 in einem Brief an Helene Welti über seinen neuen „Schützling". Dieser ist nicht der einzige Künst-

*Der junge Zeichner und Maler Gunter Böhmer in seinem Atelier
in der „Casa Camuzzi", 1933*

ler, der auf der Flucht vor Nationalsozialismus und staatlicher Ge-
walt in Deutschland für kurze oder längere Zeit in seiner Nähe Zu-
flucht sucht. Böhmer will eigentlich nur bis Ende 1933 in Montagnola bleiben, und Hesse besorgt ihm ein Dachatelier in der „Casa
Camuzzi", wo er selbst von seiner Übersiedlung ins Tessin bis zum
Jahre 1931 gewohnt hat. Im erwähnten Brief heißt es: „Scit Anfang
Mai wohnt im alten Camuzzi-Haus im Dorf (. . .) ein ganz junger
Maler aus Dresden, ein sehr lieber, unverdorbener und feiner
Mensch und technisch eine große Begabung, er zeichnet entzückend und hat mir mit verehrenden Briefen seit einem Jahr oft
sehr schöne Zeichnungen und Radierungen geschickt. Er hat sich
soviel gespart, daß er bei sehr sparsamem Leben einige Monate hier
sein kann, das war seit langem sein Wunsch, denn er hat eine Schwär-
merei für mich und litt sehr unter den deutschen Zuständen."[246]

Erfolge bleiben nicht aus: Der von Böhmer illustrierte Hesse-Band „Lauscher" ist bereits nach kurzer Zeit vergriffen, weitere Illustrationsaufträge folgen, und es kommt die Zeit, in der er sogar Aufträge ablehnen muß, Abstand benötigt von Montagnola, um seiner eigenen künstlerischen Entwicklung keinen Abbruch zu tun, ja um diese konsequent voranzutreiben: „Ich mußte mal gründlichst Abrechnung halten, mit mir, meinen Eltern, meinen Freunden, meinen Vorbildern. Es gingen viele Standbilder in Stücke, auch gegen das Ihre wurde geschleudert", schreibt er, an den Dichter-Freund gerichtet. „Und siehe da, es hielt stand. Ihr Schweigen, eine kleine spöttische Bemerkung, ein Blick, eine Bewegung, all das, was in meinen Riß hineintraf und mir wehtat, das war nämlich gerade das wirklich Freundschaftliche (. . .) Sie glaubten eben wirklich an mich, sonst hätten Sie mich Verirrten längst von sich gewiesen."[247]

Böhmer schickt während seinen Abwesenheiten, die im Lauf der Jahre immer öfter vorkommen, bebilderte Briefe, denen er die neuesten Ergebnisse seiner zeichnerischen Arbeit beilegt. Hesse antwortet seinerseits ebenfalls mit bebilderten Briefen, versehen mit kleinen Aquarell-Landschaften, die dem abwesenden Maler die Leuchtkraft der Farben des Tessins vermitteln und seine Sehnsucht nach diesem für die Augen eines Malers schier nicht faßbaren Licht des Südens wachhalten mögen.

Auch die Politik und die Verhältnisse in Hitlers Vorkriegs-Deutschland sind Themen der Gespräche zwischen Gunter Böhmer und Hermann Hesse. Oft wird diskutiert, was der Künstler zu tun in der Lage sei, um im Rahmen seiner Möglichkeiten der Humanität zu dienen. Hesse erteilt dem aktiven politischen Engagement eine eindeutige Absage: „Wir dürfen uns den Nöten und Problemen des Tages nur dann hingeben, wenn wir gewillt sind, in ihnen Partei zu ergreifen und uns ganz einzusetzen. Da ich die Partei nicht kenne, deren Ziele ich ganz bejahen könnte, gibt es diesen Weg für mich nicht."[248]

Als Beziehung gegenseitigen Gebens und Nehmens kann man das Verhältnis dieser beiden Künstler zueinander bezeichnen. Beide sind einander ebenbürtig in der Kraft und Eindringlichkeit ihrer Sprache – der eine im Wort, der andere im Bild. Hesse über Böhmer: „Für alles Graphische hochbegabt, jede Art von Technik leicht erobernd, dazu ein dichterischer, in sich versponnener, des Fabulierens kundiger Mensch, scheint er als erzählender Graphiker eigentlich ganz am rechten Ort zu sein. Aber er hat schon früh das Gefährliche und Einengende einer Spezialisierung gespürt, und hat auch schon sehr bald das Verderbliche des raschen Erfolges gewittert, und vor allem hat er Spannungen und Stürme in seiner Seele, welche bei der Kleinarbeit mit Feder und Aquarellpinsel zu kurz kamen. Er strebte, mitten aus dem kaum begonnenen Arbeitsbetrieb des erfolgreichen Illustrators heraus, zur Malerei (. . .)"[249] Man könnte meinen, daß der Autor dieser Sätze sich dabei an den suchenden jungen Hesse – sich selbst also – erinnert.

Festzustellen ist keine fixierte Ausrichtung des über dreißig Jahre jüngeren Malers und Zeichners an dem vielleicht dominierenden Über-Bild des arrivierten und als Geistesgröße anerkannten Hesse, nein: „Das Hauptanliegen meines Mannes war immer die Malerei", unterstreicht Ursula Böhmer bei einem Gespräch im November 1991, „auch lebte mein Mann in Montagnola in einem Kreis weiterer Gleichgesinnter wie zum Beispiel Emmy Ball-Hennings, der Schriftstellerin, oder, später dann, dem Maler Max Purrmann, der ebenfalls in die Casa Camuzzi einzog, oder der Weberin Maria Geroe-Tobler", einer Tante von Ursula Böhmer. Die Beziehung Böhmers zu Hesse war also nicht isoliert von seinen Beziehungen zu anderen Künstlern, die sich im Tessin niedergelassen hatten, sondern sie fügt sich ein in eine Vielzahl von Verbindungen zwischen Malern, Schriftstellern und Musikern in und um Montagnola.

Gunter Böhmer schafft in vielen Jahren künstlerischer Arbeit nicht nur eine Vielzahl von Illustrationen zu Hesses Werken, auch die Person Hesse nimmt er oft als „Motiv". Gemeinsam sind die beiden unterwegs, um die farbenfrohe, lichtdurchflutete Landschaft des Tessins zu malen. Wir haben bereits jenen Text vollständig wiedergegeben, in dem Böhmer einen gemeinsamen Ausflug mit Hesse im Jahre 1936 beschreibt, mit dem Dichter, dem das eigene Malen immer wichtiger wird – eine Betätigung, die ihm mehr bedeutet als der reine Ausgleich zu seiner Schreibarbeit. Dort hieß es u. a.: „Da sitzen wir und schweigen und sehen, beobachten, betrachten, studieren. Eigentlich möchte ich mich jetzt wegschleichen, ihn alleinlassen, – aber er ist schon allein. Er ist schon nicht mehr der ‚Herr Hesse', ist längst ‚besessen', ist Auge, Maler, Arbeiter geworden, nur dem Sehen hingegeben."

Zeichen dieser echten Freundschaft ist auch, daß Böhmer – nicht nur in dem hier zitierten Text – nicht vom akademischen Standpunk her die malerischen Fähigkeiten von Hermann Hesse kritisiert, im Gegenteil: Er bewundert ihn, obwohl Hesses unbedarfter Umgang mit Farben und Materialien dem „studierten" Maler manchesmal kalte Schauer über den Rücken gejagt haben muß, wie man lesen kann: „Beim Verwenden von Deckweiß erschauere ich, muß mir aber gleich eingestehen, wie gewissenhaft da ein Dichter, ein so reiner Dichter, malt."[250]

Diese Malkunst Hesses verteidigt Böhmer auch in einem Text, den er fast vier Jahrzehnte später, im Sommer 1973, in Montagnola schreibt: „HH nahm Aquarellpinsel und Bleistift weder als Amateur noch Dilettant und keineswegs als ‚verträumter Malerpoet' zur Hand. Der Impuls entsprang seiner vielschichtigen Intensität, mit der er sein Leitmotiv: die (einstige!) Tessiner Landschaft wie jede Sichtbarkeit überhaupt erlebte, seiner sachlichen Hingabe, mit der er jedem Gegenüber begegnete, seiner spontanen Freude, mit der er zu jedem gesetzgebundenen Spiel bereit war. Dazu kam das entspannende, entspannte Vergnügen am Handwerklichen, am Machen, am Umgang mit Farben, und nie hörte ich ihn über das Resultat – wie manchesmal über seine Dichtungen – Unzufriedenheit, kritische Resignation oder aggressive Zweifel äußern, kein mißlungenes Bild wurde verbessert oder verändert (. . .) Das Kriterium erfüllte sich darin, daß nichts ‚Literarisches' oder irgendwelche ohnehin verpönte ‚Phantasterei' in das andersartige Medium geriet, allein die farbsinnliche Phantasie des Auges dominierte, grenzte ab und fand instinktiv eine unbeschwerte Verbindung von Impression und Expression (. . .)"[251]

Auch während der Zeit der Entstehung des „Glasperlenspiels" begleitet Gunter Böhmer Hesse: „(. . .) ich war Augenzeuge einer Evolution, ich sah, daß hier (wie auch andernorts) ein Werk nicht gemacht wurde, sondern aus allen existentiellen Entsprechungen, Verwandlungen, Überhöhungen resultierte, daß Dasein und Werk in einer niemals simpel vordergründigen Weise vollkommene Äquivalente bildeten. Hier erfuhr ich ein rückhaltlos gelebtes ‚Gegenwartsengagement' ohne Programm, ohne Anmaßung, hier war nicht Zeitlosigkeit, sondern Zeitbeständigkeit das Ziel alles konzipierenden Einsatzes, hier vibrierte eine gelebte und gestaltete Spannung zwischen Zeitlichkeit und Übersichtlichkeit, die sich bedingen, nicht ausschließen."[252]

Hesse also als Dichter mit „Gegenwartsengagement" ohne ein verflachendes konkretes politisches Engagement – diese Charakterisierung paßt in das Bild, das man sich von dem Dichter macht: Sein Einsatz gilt der keine Partei ergreifenden Humanität, dem „Überdie-Zeit-hinaus", nicht der „Veränderung des Außen, sondern [der] Wandlung, Entfaltung des Kerns", wie Hesse es selbst ausdrückt. Böhmer bestätigt dies: „Da stand ich schließlich im Basel Burckhardts, via Holbein einen verblüffenden Parallelismus zwischen der überparteilichen Menschlichkeit des Erasmus und Hesses witternd, unversehens inmitten eines Wetterleuchtens: das Kunstmuseum zeigte das Gesamtwerk von Georges Braque (. . .) Ohne nun dem opportunistischen Wahn zu verfallen, alles und jedes auf Hesse und nochmals Hesse zu beziehen, dessen Intention und Ziel ja gerade darin besteht, jeden auf sich selbst zurückzuwerfen: ist diese für mich ‚inkarnierte' Verbindung von Braque-Welt und Hesse-Welt heute nur ein spintisiertes, groteskes, humoriges Bilder- und Gedankenspiel?"[253]

Wie sehr Hesse die Freundschaft zu dem so viel jüngeren Böhmer verinnerlicht, zeigt sich in einer weiteren Erinnerung Böhmers an den Dichter: „Mehrmals sagte mir Hesse beim Überreichen eines Buches oder Manuskripts (. . .): ‚Sie reagieren und urteilen als Maler, da fühle ich mich als Künstler verstanden, nicht nur als Moralist'."[254]

Über Kunst wird gesprochen, über das Verhältnis zwischen den Polen Leben und Kunst wird diskutiert: „Immer wieder fiel mir auf, daß sich Hesse über Stilfragen fast nie äußerte und sich für formal ästhetische Probleme jedenfalls erst in zweiter Linie zu interessieren schien. Ihn fesselte die Reinheit der Konzeption, das war für ihn das wesentliche und entscheidende Kriterium eines Werkes der Literatur, Malerei, Musik und erklärt vielleicht auch seine gelegentlich (mir) schwer verständliche Toleranz (. . .) Seine Liebe aber gehörte dem Prinzip, für ein Erlebnis die Form zu finden, die notwendige, adäquate Form für das Wesentliche: den Inhalt."[255]

Oft treffen sich die beiden unverabredet, einer sucht den anderen auf, und sie gehen, diskutierend oder schweigend, hinaus: „(. . .) Hesse tritt an einem düsteren Regenabend in meine damalige ‚Küche', wo ich an einem riesigen, runden Tessiner Tisch sitze, auf dem einer jener horizontal drehbaren, beidseitig von holzgeschnitzten Delphinen gehaltenen Camuzzihaus-Spiegel steht, und vor dem ich mich gerade einseife. Hesse besteht auf der Erledigung meiner Rasur, er sitzt in Hut und Mantel, die Hände auf den Schirmgriff gestützt, wie eine E.T.A. Hoffmann-Silhouette, vor einem meiner runden Fenster, sieht mir zu, feiert erzählend Wiedersehen mit diesem Spiegel aus Klingsorzeiten, klassifiziert unvermittelt Augenschmerzen, Zahnweh, Rheuma und Gicht, die ihn plagen, als ,Sauerei' und geht plötzlich durch die offene Tür meiner Bilderkammer auf eine Studie zu, die ich in Paris gemalt hatte, das lichterspiegelnde Tunnelgewölbe eines Métrobahnhofs darstellend, berührt mit der Fingerspitze leise die Leinwand und sagt: ,Julien Green kratzt so lange an den Wänden, bis sich durch eine Ritze ein Dahinter zeigt!' „[256]

Hesse versucht nie, dem jungen Freund eine Entwicklung seiner eigenen Prägung einzutrichtern, und auch Böhmer orientiert sich nicht zwanghaft an dem Freund: „(. . .) um so mehr beunruhigt mich (. . .) auch die Gefahr, den eitlen Eindruck zu erwecken, alles und jedes Fortschreiten meiner Entwicklung sei von mir passiv oder widerstandslos auf Hesse bezogen worden, oder Hesse hätte mir gar Einflüsse oktroyieren wollen. O nein! (. . .) Die Freundschaft, mit der mich Hesse beschenkte, war ohne jeden Vergleich diejenige, der ich die meisten Anstöße, Spiegelungen und Bestätigungen verdanke, die mich auf vielen Stufen verstehend, anregend, fördernd begleitete."[257]

Böhmer widersetzt sich auch dem Einfluß des Freundes, wenn es sein muß: „Um es gleich an dieser Stelle loszuwerden: auch ich wehrte mich gegen Hesse, auf manchen Stufen, auch ich, dem das Verehren erwiesenermaßen eine Notwendigkeit und gleichzeitig eine Beschleunigung des Schrittes ins Unbekannte bedeutet. Auch ich habe ihm meinen Unwillen vor die Füße geworfen und um mich geschlagen: in einem überhitzten Schandbrief. Eine Stunde später stand ich vor ihm und stellte mich seiner Abscheu. Sie blieb aus. Er erkannte, daß ich nicht ihn, sondern mich selbst gesteinigt hatte. Er gab mir die Hand, er war größer als Hesse. Ich habe nie etwas Menschlicheres erlebt, nie tiefer geahnt, woraus Kunst entspringt."[258]

Über seine eigene Kunst sagt Böhmer: „(. . .) und immer entstehen meine Bildnisversuche mit dem Ziel der Befreiung vom Privaten, stets aus innerem Antrieb, in den seltensten Fällen auch als Auftrag (und dabei manchmal als Rettung in der Not . . .)."[259] Er unterstreicht damit die enge Verwandtschaft seiner bildnerischen zur dichterischen Arbeit Hesses, die „Befreiung vom Privaten", die dem Dichter so sehr gelingt, daß sich ganze Generationen von seinen Werken individuell angesprochen fühlen.

Freilich wird auch über neue Arbeiten und Pläne Böhmers gesprochen: „Ich hatte ihm einmal eine Reihe von graphischen Blättern für eine Ausstellung gebracht, er wollte sie vor der Absendung sehen. Wir betrachteten die Sachen, diskutierten darüber, sein Sohn Bruno, der Maler, war gerade zu Besuch da (. . .)"[260] Gunter Böhmer relativiert freilich dieses „Diskutieren" mit Hesse über künstlerische Inhalte[261]: „Es war ein jahrelanger, sich immer wieder spannender und lösender Prozeß, wir ,diskutierten' eigentlich ziemlich selten, eher stand das ,gärtnerische' Thema des Pflanzens, Wachsens, Reifens, Blühens, Welkens als Gleichnis künstlerischer, literarischer, politischer, religiöser Bewegung im Zentrum der Gespräche, deren Kern freilich ein Anliegen bildete, das uns beide bezwang und verband (. . .), und das im ,Kurgast'[262] am klarsten in Worte gefaßt ist: ,Ich möchte einen Ausdruck finden für die Zweiheit, (. . .) wo beständig Melodie und Gegenmelodie gleichzeitig sichtbar wären, wo jeder Buntheit die Einheit, jedem Scherz der Ernst beständig zur Seite steht. Denn einzig darin besteht für mich das Leben, im Fluktuieren zwischen zwei Polen, im Hin und Her zwischen den beiden Grundpfeilern der Welt.'"

Dieses „Diskutieren" geht aber nicht nur ernst und fachmännisch-gelehrt vor sich – Hesses „junggebliebene, unersättliche Bilderneugier" wirkte immerzu produktiv, beteuert Böhmer –, auch die heitere Seite Hesses tritt zutage, was der Ausgang jener Begutachtung von Werken, die für eine Böhmer-Ausstellung vorgesehen waren, zeigt: „Hesse ging zu seinem ,Pack-Tisch', verriet mir eine zollsichere Zeitungspapier-Einwicklungs-List, nahm Schnur und Schere, zitierte Bruno zum Verknoten herbei und deklamierte mit feierlichem Tenor: ,Später wird in Böhmer-Biographien zu lesen sein: in seiner frühen montagnolesischen Epoche beschäftigte der Künstler bereits zwei Packer: Bruno und Hermann Hesse.' "[263]

An anderer Stelle[264] berichtet Böhmer ebenfalls über einen spontan reagierenden, überschwenglichen Hesse: „Trieb uns ein tessinisch, d. h. unvorhersehbar plötzlich niederbrausender Wolkenbruch oder Hagelschlag von der Gartenarbeit weg im Galopp zurück ins Haus, so bangten wir nun vor der literarischen Kulisse der Bibliothekswände um Blumen- und Rebenschicksale, was leicht zu durchaus unliterarischen Zornesblitzen des Dichtergärtners

Illustration Böhmers aus dem Steppenwolf-Zyklus, 1981

führen konnte, bis – wiederum ganz plötzlich – das erdig duftende, feuchtkühl aufatmende Rebterrassengelände bei der ersten Sonnenstrahlfanfare, vor noch bleischwarzem Himmel, in blendigem Silbergrün aufglänzte: dann nämlich begann H. H. mit triumphierendem Lächeln, zungenschnalzend und armeschwingend, durch seine Nagelschuhe und den rutschbahnglatt polierten Parkettfußboden gleichermaßen animiert, wie ein Derwisch zu tanzen, indem er die Beine abwechselnd rechtwinklig in die Luft warf, wobei jene koketten Hosenvolants die Komik der Szene zwerchfellerschütternd steigerten."

Wie sehr dieser Maler, Zeichner und Graphiker Gunter Böhmer als Künstler dem Dichter Hermann Hesse verwandt ist, zeigt auch folgende kleine Erinnerung: „Hesse liest mir ein neues Gedicht vor – Stadtnacht, Lampenfensterfigur, Himmeldenkmal – und sieht auf meinem Arbeitstisch eine eben entstandene Zeichnung – Mondhimmel, Lichtfenster, Häuserfluchten. Hesse sagt zu seinem Gedicht: ‚es ist zu malerisch!', ich sage zu meiner Zeichnung: ‚sie ist zu literarisch!' Grimmig lachen wir beide (. . .)"[265]

188

Insbesondere der Schluß eines Erinnerungstextes an Hesse verdeutlicht, wie es den Künstler Böhmer drängt, sich in dem Medium auszudrücken, für das er berufen ist: mit Pinsel und Zeichenstift. Es bleibt keine Zeit für anderes: „Ich breche diesen Schreibversuch ab und verschiebe ihn auf Zeiten, in denen – so unvorstellbar mir das heute auch ist – das Zeichnen ins Stocken geraten sollte. Jetzt warten meine Stifte und Pinsel nicht länger, ich gehorche (. . .)"[266]

Und welche Intensität die Freundschaft zwischen den beiden Montagnolesen im Lauf der Zeit annimmt, wie sehr sie diese beiden Künstler schließlich über viele Jahre verbindet, zeigt die folgende, abschließende Erinnerung Böhmers an das letzte Zusammensein mit dem alten Hesse: „Dann verebbten die Worte, wir verstummten und schwiegen, die wehe Intensität seiner noch nie so nahen, doch verglimmenden Herzlichkeit bestürzte mich, meine Augen suchten ängstlich, wie in einem fliehenden Traum, seine Erscheinung, ahnten sie aber mehr, als sie in den nächtlich zerrinnenden Schattenschleiern erfassen zu können, ich erkannte noch seine Hände, die schwerelos, größer als sonst, ganz vorn auf seinen übernahen Knien lagen, die Gestalt war schon weggeschwunden, entrückt schimmerte das Gesicht, über dem sein weißes Haar wie ein fremdartiges, zum Abflug bereites Flügelwesen reglos wartete. Da huschte verwischt, mit fragendem Klagelaut, eine Katze vorüber, wir erhoben uns langsam, sonderbar befangen und wie schlafgelähmt, gingen zögernd zur Tür: leise wendet sich Hesse mir zu, berührt flüchtig meinen Arm und winkt, schon aus sternweiter Ferne, noch einmal lautlos. Bild geworden. Für immer."[267]

Hesse und seine drei Ehefrauen

Dreimal war Hermann Hesse verheiratet, und Montagnola stellt in gewisser Weise einen Schnittpunkt dar in diesen drei Ehen: Im Jahre 1919, unmittelbar vor seiner Übersiedlung ins Tessin, trennt sich Hesse von seiner ersten Frau Mia nach 16jähriger Ehe, er bringt die Kinder bei Bekannten und in einem Erziehungsheim unter und bezieht allein eine Wohnung im oberen Stockwerk der „Casa Camuzzi" in Montagnola. Anfang der zwanziger Jahre lernt Hesse seine

189

„Casa Hesse" auf der Collina d'Oro in Montagnola (hist. Foto)

zweite Frau kennen, die um zwanzig Jahre jüngere Ruth Wenger, und heiratet sie im Jahre 1924, nachdem die Ehe mit Mia 1923 geschieden wurde. Von Ruth Wenger läßt sich Hesse im Jahre 1927 auf deren Wunsch wieder scheiden.

Im Jahre 1931, mit dem Umzug in das von dem Mäzen H. C. Bodmer erbaute und ihm auf Lebenszeit zur Verfügung gestellte Haus auf der Collina d'Oro, heiratet Hesse die Kunsthistorikerin Ninon Dolbin [268] geb. Ausländer aus Czernowitz, mit der er bis zu seinem Tod vermählt bleibt.

Seine um acht Jahre ältere erste Frau Mia, eigentlich Maria, geb. Bernoulli, hat Hesse während der Zeit seiner Tätigkeit als Buchhandelsgehilfe im Antiquariat Wattenwyl in Basel auf einer Italienreise kennengelernt. Die Tochter aus dem berühmten Basler Mathematikergeschlecht Bernoulli führt in Basel zusammen mit ihrer Schwester als erste Berufsfotografin der Schweiz ein eigenes Fotoatelier, in dem sie ab und an jungen Künstlern Gelegenheit bietet, ihre Bilder auszustellen oder aus ihren Werken zu lesen. Auch Hesse liest im Atelier der Bernoulli-Schwestern. Der Erfolg seines Romans „Peter Camenzind" erlaubt es dem jungen Hesse, zu heiraten, zumal Vater Bernoulli sich gegen diese Heirat stellt und seine finanzielle Unterstützung zunächst versagt. Am 2. August 1904 kommt es in

190

Basel zur Hochzeit, während einer Abwesenheit von Vater Bernoulli. Das junge Ehepaar zieht in das bereits beschriebene kleine, gemietete Bauernhäuschen in Gaienhofen am Bodensee, das Mia während Hesses Aufenthalt in Calw, wo er an seinem Roman „Unterm Rad" schreibt, ausfindig gemacht hat.

Aber bald schon wächst die Unzufriedenheit Hesses über sein einengendes Dasein als Familienvater, er geht auf Reisen bis hin nach Indien im Jahre 1911, und 1912 übersiedelt er mit der Familie nach Bern. Dann, im Jahre 1919, nach den ersten Ausbrüchen der psychischen Krankheit seiner Frau, entschließt er sich zur Trennung von Frau und Kindern und zur erneuten Übersiedlung ins Tessin.

Der amerikanische Hesse-Forscher Joseph Mileck drückt deutlich aus, woran es liegt, daß Mia und Hermann Hesse nicht auf Dauer ein ungetrübtes Familienleben führen können. Er geht sogar so weit, zu sagen, daß Hesse „kaum eine ungeeignetere Lebenspartnerin" hätte wählen können als Maria Bernoulli. Nicht nur über acht Jahre älter als der Dichter war sie, sondern ebenso hartnäckig,

Hesse mit seiner ersten Frau Mia, um 1905

ebenso selbstbezogen und ebenso festgelegt in ihren Ansichten. „Er war für sie zu temperamentvoll", schreibt Mileck, „und sie für ihn zu ruhig und zurückhaltend. Er verübelte ihr ihre Unabhängigkeit und sie ihm seine Unbeständigkeit. Sie war zu stur und er zu launisch. Sie zeigte zu wenig Interesse an seiner Arbeit, er hatte keinen Sinn für Familienangelegenheiten (. . .) Die Entfremdung blieb nicht aus."[269] Eine Äußerung, die Sohn Heiner Hesse in einem Brief vom 31. Mai 1993 an den Verfasser – nach Erscheinen der ersten Auflage des vorliegenden Buches – als unsachliches Urteil bezeichnet: „Das Zitat Milecks von der ungeeigneten Lebenspartnerin stört mich, weil ich meine Eltern besser zu kennen meine als er, der sein Urteil auf Vermutungen aufbaut, der Dokumente bar."

Im Winter 1912/1913 schreibt Hesse den Roman einer in Auflösung begriffenen Künstler-Ehe, „Roßhalde" – sicher auch Resultat der eigenen Erfahrungen mit der Ehe. Seinem Vater berichtet Hesse über diesen Roman, in dem er den Sinn der Institution Ehe für den aus einer Berufung heraus künstlerisch Tätigen grundsätzlich in Frage stellt: „Die unglückliche Ehe, von der das Buch handelt, beruht gar nicht nur auf einer falschen Wahl, sondern tiefer, auf dem Problem der ‚Künstlerehe' überhaupt, auf der Frage, ob überhaupt ein Künstler oder Denker, ein Mann, der das Leben nicht nur instinktiv leben, sondern vor allem möglichst objektiv betrachten und darstellen will – ob so einer überhaupt zur Ehe fähig sei. Eine Antwort weiß ich da nicht; aber mein Verhältnis dazu ist in dem Buch möglichst präzisiert; es ist darin eine Sache zu Ende geführt, mit der ich im Leben anders fertig zu werden hoffe."[270]

Daß sich Mia und Hermann Hesse aber auch noch nach der Scheidung, die erst 1923 vollzogen wird, treffen, bestätigt Sohn Bruno Hesse: „Im September 1931 zum Beispiel war ich bei Vater und Ninon, jetzt im neuen Haus, und Mutter kam einen Tag auf Besuch. Nachher sagte sie mir, sie schätze sehr, wie sich Ninon um Vater kümmere."[271] Sohn Heiner Hesse erinnert sich an seine Mutter: „Meine Mutter war sehr musikalisch, spielte Klavier und war an Kunst und Literatur interessiert. Von ihr stammen die Familienfotos aus jenen Jahren, aber auch mehrere Hesse-Bilder, die uns erhalten sind. In den Schulferien fuhr ich immer zu ihr nach Ascona, wo sie ein kleines altes Haus bewohnte. Ich erinnere mich, daß sie eine Zeit lang im Kino des Kursaals von Locarno die laufenden Filme mit Klavier begleitete und den weiten Heimweg zu Fuß im

Hesse mit seiner zweiten Frau Ruth, um 1920

Dunkeln gehen mußte, weil es damals noch keine perfekte Busver-
bindung wie heute gab."[272]

Wohl nur im juristischen Sinn als Ehe kann man die Verbindung
Hesses zu Ruth Wenger bezeichnen. Die wesentlich jüngere Sän-
gerin, Tochter des Stahlwarenfabrikanten Theo Wenger und seiner
Frau, der Schriftstellerin Lisa Wenger, hat Hesse in Carona ken-
nengelernt. Sie ist beeindruckt von seinen schriftstellerischen Er-
folgen. Er schafft ihr ein literarisches Denkmal in seinem Roman
„Klingsors letzter Sommer", den er im Jahre 1919 niederschreibt:
„Die Freunde kannten eine junge Dame, die hier oben hauste, und
Klingsor freute sich auf den Besuch bei der Unbekannten sehr. Er
nannte sie die Königin der Gebirge. (. . .) Im Halbschatten eines
Fensterbogens sah Klingsor lautlos eine Gestalt stehen, ein schönes
Mädchen, schwarzäugig, rotes Kopftuch um schwarzes Haar. Ihr

KANTON BERN

Sitzung des Regierungsrates
vom 31. Oktober 1924.

———

5219. Einbürgerungsantrag. — Hermann **Hesse,** von Calw, Württemberg, geb. 2. Juli 1877, Schriftsteller in Montagnola (Tessin), Ehemann der **Ruth** geb. Wenger, geb. 31. Oktober 1897, welchem das schweizerische politische Departement am 10. Januar 1924 die Bewilligung zur Erwerbung des Schweizerbürgerrechtes erteilt und der Stadtrat der Einwohnergemeinde Bern am 9. Mai 1924 gegen Entrichtung einer Einkaufssumme von 300 Fr. das Gemeindebürgerrecht zugesichert hat, stellt an den Grossen Rat das Gesuch um Erteilung des bernischen Kantonsbürgerrechtes und des Gemeindebürgerrechtes von Bern, wo er von 1912 bis 1919 wohnhaft war.

Die Prüfung des Gesuches und der vom Bewerber entsprechend Art. 90 des Gemeindegesetzes, sowie §§ 5 und 21 des Dekretes beigebrachten Ausweise hat ergeben, dass das Gesuch den gesetzlichen Anforderungen entspricht.

Wir setzen für den Fall der Einbürgerung die Einkaufssumme auf 800 Fr. fest. Gleichzeitig stellen wir an den Grossen Rat den Antrag, es sei dem Bewerber das bernische Kantonsbürgerrecht und das Gemeindebürgerrecht von Bern unter Gestattung der in Art. 87, Absatz 2, des Gemeindegesetzes vorgesehenen Ausnahme zu erteilen, in dem Sinne jedoch, dass die Einbürgerung erst mit der Aushändigung der Naturalisationsurkunde in Wirksamkeit tritt.

An die Polizeidirektion.

Für getreuen Protokollauszug

der Staatsschreiber:

Vom Grossen Rat genehmigt.

Bern, den 26. NOV. 1924

Im Oktober 1924, während der Ehe mit Ruth Wenger, wird Hesse vom Regierungsrat des Kantons das Gemeindebürgerrecht der Stadt Bern wie auch das bernische Kantonsbürgerrecht zuerkannt

194

Blick, still nach dem Fremden lauernd, traf den seinen, einen langen Atemzug lang schauten sie, Mann und Mädchen, sich in die Augen, voll und ernst, zwei fremde Welten einen Augenblick lang einander nah. Dann lächelten sich beide kurz und innig den ewigen Gruß der Geschlechter zu."[273]

Ruth Wenger wird die zweite Frau des Dichters. Die Ehe ist aber nur von kurzer Dauer, auf Wunsch von Ruth Wenger wird sie schon 1927 wieder geschieden. „Zu Ruth Wenger, Vaters zweiter Frau, gibt es eigentlich wenig zu sagen", erzählt Bruno Hesse über die Beziehung seines Vaters zu der um zwanzig Jahre jüngeren Frau. „Sie haben nie richtig beieinander gelebt. Nur in der Zeit als Vater in Basel war, haben sie zusammen im Hotel gewohnt (. . .) Die Ruth wollte immer, daß Vater zu ihr hinüber nach Carona zieht, ins Haus ihrer Eltern. Dies wollte Vater aber schon wegen seiner Bibliothek gar nicht. Auch hätte er dort ständig mit den Eltern Wenger zusammenleben müssen. Und nach Montagnola wollte die Ruth nicht ziehen."[274]

Daß Hesse trotzdem durchaus ernsthaft an eine dauerhafte Verbindung zu Ruth Wenger glaubt, dabei aber aus seinen Erfahrungen der ersten Ehe heraus Vorsicht walten läßt und erst auf Drängen des Vaters Wenger zu einer Heirat bewegt werden kann, zeigt ein Briefauszug an den späteren Schwiegervater: „Wenn ich nun zur Zeit, von außen wie von innen gesehen, nicht eine Verheiratung anstreben kann, so weiß ich, daß ich damit die bürgerliche Moral verletze, kann dies aber nicht ändern, da ich einer anderen, aber nicht minder heiligen Moral folgen muß – der Stimme in mir selber."[275]

Die Ehe mit Ruth Wenger ist für Hesse der zweite Mißerfolg. Seine erste Frau Maria war um entscheidende Jahre älter als der damals noch junge Schriftsteller und auch seinem Denken gegenüber zu wenig kompromißbereit, die zweite Ehefrau Ruth Wenger nun ist wesentlich jünger als der Mann im jetzt reifen Alter. Hinzu kommt, daß sie sich wohl von seinen schriftstellerischen Erfolgen blenden ließ und weniger bedachte, daß dies für ein dauerhaftes Zusammenleben kaum ausreichen würde. So hält auch dieses Eheglück nicht lange, und bereits wenige Wochen nach der Hochzeit gehen Hesse und Ruth Wenger getrennte Wege. Ruth kehrt zu ihren Eltern zurück und wird bald darauf mit Lungentuberkulose in ein Sanatorium eingeliefert. Wieder sind zwei starke Persönlich-

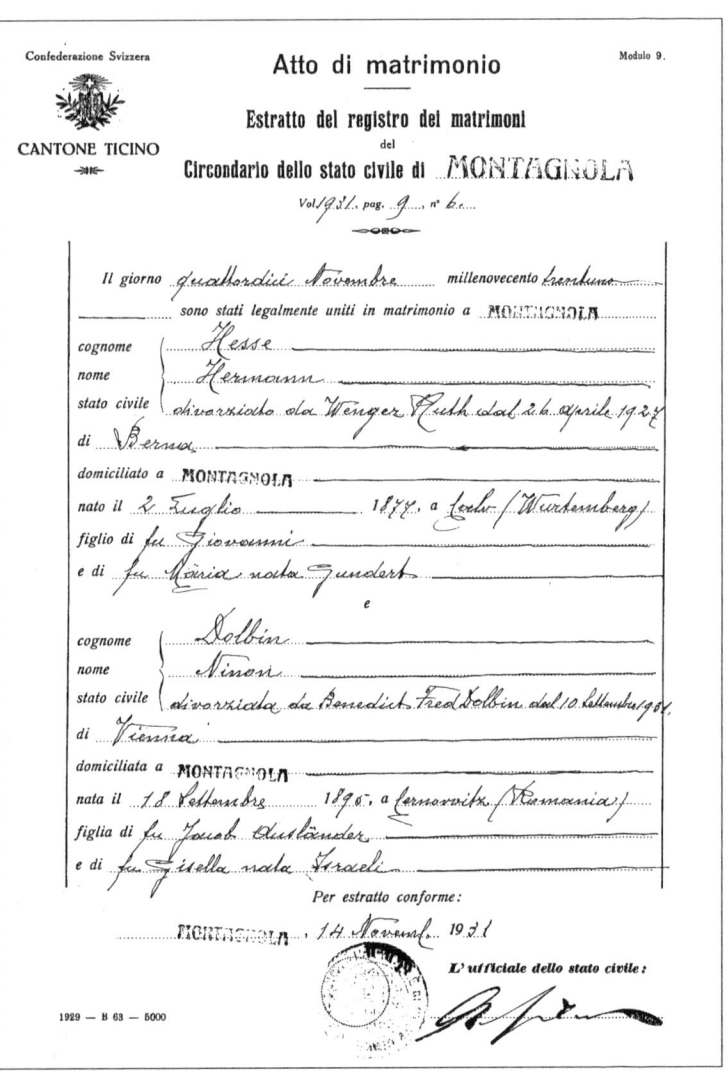

Heiratsurkunde für Hermann Hesse und Ninon Dolbin vom 14. November 1931

keiten aufeinandergeprallt: Hesse, der Ruth Wenger in dem Märchen „Piktors Verwandlungen" und in einigen Liebesgedichten literarisiert, kann die Versöhnung nicht mehr erreichen und läßt sich 1927 auf ihren Wunsch scheiden.

196

Hermann Hesse mit Ninon am Spalier ihres Hauses in Montagnola,
Anfang der fünfziger Jahre

„Ich kam ihr nie besonders nahe, es war immer etwas Fremdes
zwischen uns. Die Ninon war hoch gebildet und auch künstlerisch
begabt, sie hatte Kunstgeschichte studiert", berichtet Sohn Bruno
Hesse über die dritte Frau des Vaters, Ninon Dolbin.[268, 276] Bereits
als Fünfzehnjährige hat die in der Sprachinsel Czernowitz gebore-
ne Jüdin Ninon Ausländer brieflich Kontakt zu Hesse aufgenommen und besucht ihn 1922, 27jährig, erstmals im Tessin. In erster
Ehe war sie verheiratet mit dem bekannten Porträtkarikaturisten
Benedikt F. Dolbin[277]. Auch Heiner Hesse bestätigt das distanzierte
Verhältnis der Hesse-Söhne zur dritten Frau des Vaters, die dieser,
nachdem Ninon bereits ab 1927 in einer Wohnung der „Casa Camuzzi" in seiner Nähe lebt, mit der gemeinsamen Übersiedlung in
die vom Mäzen H. C. Bodmer[278] zur Verfügung gestellte „Casa
rossa", heiratet: „Mein Verhältnis zu ihr war anfangs nicht sehr gut,
eben etwa so, wie ein Kind eine Stiefmutter empfindet. Sie war mir
von der Sprache her fremd, aber auch von der Mentalität her. Auch
machte mich mißtrauisch, daß sie kurz nach der Eheschließung
schon durch einen Erbschaftsvertrag, der ihr gewisse Rechte ein-
räumte, gesichert sein wollte. Erst später konnte ich das verstehen.

197

Im Haushalt hielt sie auf größte Genauigkeit, die Köchin und das Zimmermädchen waren dabei nicht zu beneiden. Und es war kein Wunder, daß ihr die Haushilfen immer wieder davonliefen (. . .) Nach Vaters Tod, als sich die Frage stellte, wohin der literarische Nachlaß zur Archivierung kommen sollte, lernte ich Ninon von einer anderen Seite kennen. Sie hatte jahrelang Vaters literarische Arbeit begleitet, unterstützt und gründlich kennengelernt, so daß sie – anders als wir Söhne – über Sinn und Zweck der Archivierung ganz bestimmte Vorstellungen hatte, die sachlich begründet waren. Während mein jüngerer Bruder Martin der Meinung war, der Nachlaß müsse in jedem Fall in der Schweiz bleiben, und darin von einem Freund meines Vaters noch unterstützt wurde, suchte Ninon, beraten von verschiedenen Fachleuten, den Ort der Aufbewahrung zu finden, der die optimale Gewähr für die Betreuung und Benutzung des Nachlasses bot (. . .) Daraus ergab sich ein Seilziehen zwischen meinem Bruder Martin und Ninon (. . .) Die salomonische Lösung war dann die Gründung einer Stiftung (. . .), welche ihrerseits Teile des Nachlasses nach Marbach[280], andere nach Bern [281] vergeben konnte, und zwar als Depositum (. . .) Immerhin konnte sie noch zwei wichtige literarische Vorhaben unter Dach bringen: die ‚Prosa aus dem Nachlaß‘ und den ersten Band von ‚Kindheit und Jugend vor Neunzehnhundert‘, welcher in Dokumenten, Briefen und Tagebuchstellen meines Vaters frühe Jahre schildert.“[279]

Die Freundschaft Hesses
zu Hugo und Emmy Ball

Eine nahe Freundschaft verbindet Hesse während seiner Montagnoleser Zeit auch mit Hugo Ball [282] und dessen Frau Emmy Ball-Hennings[283.] Hesse ist auf Emmy Ball-Hennings‘ Buch „Gefängnis“ aufmerksam geworden und bespricht es im April 1920 in der Zeitschrift „Vivos Voco“, als deren Mitherausgeber er seit 1919 fungiert. Im Dezember 1920 lernen sich das Ehepaar Ball und Hesse persönlich kennen. Das spontane Gefühl der Geistesnähe läßt eine dauerhafte Freundschaft entstehen. Auch verspürt Hesse bald ein Gefühl der Verantwortung für die Freunde, die er immer wieder durch finanzielle Zuwendungen unterstützt: „Mir scheint, die Er-

Hugo Ball mit seiner Frau Emmy Ball-Hennings, 1918

haltung so außerordentlicher, guter, geistiger Menschen wie Ball und seine Frau es sind, gehört heute zu den unabweisbaren Pflichten (. . .) Wir geistigen Menschen von heute können ja nichts dafür, daß wir an die Wand gedrückt und ausgehungert werden (. . .) In einem Fall wie dem von Ball halte ich es für meine Pflicht, alles zu versuchen, seine Existenz und seine Arbeit ist unersetzlich (. . .) seine Geistigkeit ist von einer so seltenen Reinheit und Höhe, sein Charakter von einer so vorbildlichen Vornehmheit, daß man solche Menschen, die besten ihres Volkes, nicht ruhig kann untergehen lassen", schreibt Hesse 1922 an seinen Mäzen Bodmer[284], bei dem er sich ebenfalls für die beiden verwendet. Es ist auch Hugo Ball, der zu Hesses 50. Geburtstag im Jahre 1927, kurz vor dem eigenen Tod, die erste und heute noch gültige Hesse-Biographie vorlegt – das zur damaligen Zeit erfolgreichste Buch Hugo Balls überhaupt. Ball, 1886 geboren, Schauspielschüler bei Max Reinhardt und später für kurze Zeit auch Intendant der Münchner Kammerspiele, wurde aufgrund der Erlebnisse während des Ersten Weltkriegs, bei dem er in Belgien eingesetzt war, zum erbitterten Kämpfer gegen den Krieg, emigrierte in die Schweiz, gründete im Jahre 1916 das „Cabaret Voltaire" und gilt damit als einer der Mitbegründer der Dada-Bewegung. Auch gründete er damals die Emigrantenzeitschrift „Freie Zeitung", in der unter anderen Ernst Bloch[285] und René Schickele[286] veröffentlichten. Ball gilt schon zu jener Zeit als einer der kompromißlosesten Autoren seiner Generation und wird deshalb, in gleicher Weise wie Hesse, im wilhelminischen Deutschland als „vaterlandsloser Geselle" verfemt. Schon deshalb ist das Zusammengehen mit dem „Gesinnungsgenossen" Hermann Hesse, die innige gegenseitige Freundschaft der beiden, nicht verwunderlich.

Der alternde Hesse

Der alte Hesse wird oft gleichgesetzt mit dem Dichter des Romans „Das Glasperlenspiel", jenem abgeklärten Entwurf einer geistigen und in sich abgeschlossenen Welt. Die Entstehungszeit des „Glasperlenspiels", die dreißiger und beginnenden vierziger Jahre, ist aber zunächst auch eine Zeit, in der Hesse wieder, wie während des Ersten Weltkrieges, zum geistigen und tatsächlichen Fluchtpunkt für Verfolgte und Notleidende wird. Für viele, insbesonders Intellektuelle, die vor der Gewalt des nationalsozialistischen Regimes in Deutschland fliehen müssen, bedeutet Hesse buchstäblich die letzte Rettung. Er setzt sich für die Verfolgten sowohl durch finanzielle und materielle Unterstützung als auch durch Fertigung von Empfehlungsschreiben oder Bürgschaften bei der Schweizer Fremdenpolizei ein; auch bemüht er sich um Publikationsmöglichkeiten für Autoren, denen durch die Emigration die Möglichkeit zur Veröffentlichung in deutscher Sprache weitgehend genommen ist. So unterstützt Hesse Schriftstellerkollegen – zum Beispiel Walter Benjamin[287], Peter Weiss[288] und Robert Musil[289] – durch Buchrezensionen oder Empfehlungsschreiben an Verleger. Viele Intellektuelle kommen auf ihrer Flucht aus Deutschland durch Montagnola; manche bleiben nur wenige Tage, andere Jahre. Für Bertolt Brecht[290] und seine Gefährtin Helene Weigel[291] bedeutet Hesses Montagnola erste Station ihres Emigrantendaseins, auch Thomas

Hesse und Thomas Mann, die eine freundschaftliche Beziehung verband,
im Sommer 1932

Mann besucht Hesse in Montagnola, der Schriftsteller Heinrich Wiegand[292] oder die Autorin Lisa Tetzner[293] treffen Hesse im Tessin. „Das deutsche Pogrom gegen den Geist ist heftiger, brutaler und säuischer als alles Schlimme, was im faschistischen Italien geschah", faßt Hesse seine Stimmung bereits im März 1933 zusammen.[294]

Auch ist die Zeit geprägt von dem Verhältnis Hesses zu seinem Verleger Samuel Fischer[295], zu dessen Schwiegersohn Gottfried Bermann Fischer[296] und von seiner Freundschaft zu dem Verlagslektor und späteren Verlagsleiter Peter Suhrkamp[297]. Nach dem Tod von Verleger S. Fischer 1934 übernimmt Gottfried Bermann Fischer die Leitung, zusammen mit Peter Suhrkamp, der seit 1933 als Lektor im Verlag tätig ist. 1935 wird Bermann Fischer aus politischen Gründen gezwungen, mit einem Teil des Verlages in die österreichische Emigration zu gehen, von wo aus er die Bücher verfolgter Autoren weiter publizieren kann. In Deutschland verbleibt Peter Suhrkamp mit dem Restprogramm nichtverfolgter Autoren. Im Jahre 1942 muß als nächster Schritt der Verlag umbenannt werden in „Suhrkamp Verlag vorm. S. Fischer".

Hesses eigene Publikationsmöglichkeiten in Deutschland werden immer mehr eingeschränkt. „Ich bin zur Zeit, wie ich es erwartet

Hesse mit seinen Verlegern Gottfried Bermann-Fischer und Samuel Fischer
in Montagnola, Juni 1933

hatte, genau wie einst im Krieg, Zielscheibe dreckiger Angriffe und
Verleumdungen von beiden Seiten: in Deutschland schimpft man
mich Hund und Volksverräter, weil ich jüdische und Emigranten-
bücher bespreche, und in den Emigrantenblättern von Prag und
Paris werde ich als eine Art heimlicher Schrittmacher für Goebbels
(!) hingestellt (. . .) Aber sie meinen gar nicht mich, sondern wollen
meinen Verleger tot machen (. . .)", schreibt Hesse seinem Sohn
Bruno Anfang 1936.[298]

Ab 1939, mit Beginn des Krieges, ist Hesse in Deutschland dann
ebenfalls „unerwünscht". Bücher dürfen nicht neu aufgelegt werden, Neuerscheinungen werden verhindert. Folge ist, daß kaum
noch finanzielle Einnahmen aus Deutschland kommen. Hesse geht
aber keinerlei Konzession gegenüber dem Hitlerregime ein. So hätte

202

sein Roman „Narziß und Goldmund" neu aufgelegt werden dürfen, wenn er einen Textteil, der ein Judenpogrom im Mittelalter beschreibt, weggestrichen hätte. Diese Konzession hätte nach Hesses Meinung indes „eine Gemeinheit und Korruption bedeutet."[299]

Auch der Druck des Romans „Das Glasperlenspiel" – die Darstellung einer Gegenwelt gegen das gewalttätige Deutschland –, den Hesse 1942 fertiggestellt hat, wird vom Propagandaministerium in Berlin untersagt, wonach das Buch in einem Züricher Verlag erscheint.[300]

Mit dem Ende des Krieges nimmt die Hinwendung zu Hermann Hesse erneut stark zu, vor allem seitens der Jugend. Wieder sieht man in ihm nun eine unbelastete Geistesgröße, die sich nicht korrumpieren läßt und konsequent ihren Weg verfolgt. Auch öffentliche Ehrungen werden ihm jetzt zuteil: Im Jahre 1946 erhält Hesse den Goethe-Preis der Stadt Frankfurt und den Nobelpreis für Literatur zuerkannt. Eher zur Belastung werden diese großen Ehrungen für den alternden Dichter, denn ihnen folgt eine ins Unermeßliche anwachsende Briefflut, die Hesse weitgehend persönlich beantwortet. Den Nobelpreis nimmt stellvertretend der Schweizer Botschafter entgegen, zur Verleihung des Goethepreises reist Frau Ninon nach Frankfurt. Hesse selbst zieht sich in ein Sanatorium in der Westschweiz zurück.

Hesse an seinem Schreibtisch in Montagnola, um 1952

Verehrer Hermann Hesses auf Diebespfaden

Das gestohlene Hermann-Hesse-Porträt. Photopress

ag. Die Direktion des Z ü r c h e r K u n s t h a u -
s e s meldete den Diebstahl eines Bildes von Ernst
Morgenthaler. Es handelt sich um ein Temperabild,
das am vergangenen Dienstag in der Zeit zwischen
10.30 und 12 Uhr aus der Ausstellung entwendet
worden ist. Das verschwundene Bild ist ein Porträt
von Hermann Hesse, das der Maler Ernst Morgenthaler im Jahre 1959 vom Dichter gemalt hat. Das
Bild mißt 25 x 25 cm, ohne Rahmen. Es ist mit 3 cm
breiten, weiß gestrichenen Holzleisten seitlich einge-
faßt. Der Hintergrund ist hell, vermutlich grau. Das
Bild wurde in gedämpften Farben (Temperafarben)
gemalt. Signatur: E. M. Das Bild war nicht verkäuflich. Man muß annehmen, daß das Bild von einem
Verehrer Hermann Hesses entwendet worden ist. Personen, die in dieser Sache irgendwelche Wahrnehmun-
gen gemacht haben, werden höflich ersucht, sich auf
dem Detektivbüro der Stadtpolizei Zürich (Telefon
27 37 50) oder auf der nächsten Polizeiwache zu
melden. Auch Leute, denen das gestohlene Bild zum
Kauf angetragen wird, werden gebeten, der Polizei
Mitteilung zu machen.

Luzerner Tagblatt 19. Januar 1961.

204

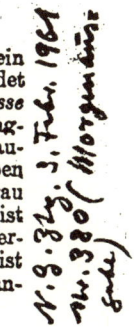

Zwei Zeitungsmeldungen über den Diebstahl und das Wiederauftauchen eines Hesse-Porträts, 1961

Zum inneren Konflikt für Hesse kommt es, als Gottfried Bermann Fischer aus der Emigration nach Deutschland zurückkehrt und die früheren S. Fischer-Autoren auffordert, wieder in seinem Verlag zu veröffentlichen. Peter Suhrkamp hat zuvor das von ihm während des Krieges unter vielen Opfern geleitete Unternehmen an Bermann Fischer zurückgegeben. Hesse bleibt mit anderen Autoren, die Suhrkamp während der schweren Kriegsjahre als Freund und aufopferungsvollen, eigene Interessen zurückstellenden Verleger kennengelernt hatten, dem neugegründeten Verlag von Peter Suhrkamp treu und erteilt Bermann Fischer eine Absage. Suhrkamp hilft er so, den neuen Verlag zügig aufzubauen.

Das Leben in Montagnola nach Fertigstellung des Romans „Das Glasperlenspiel" ist weiterhin geprägt von einer Vielzahl von Besuchen, die immer im Hause Hesse willkommen sind – trotz des von Böhmer gefertigten und am Eingang des Hesse-Anwesens angebrachten Schildes „Bitte keine Besuche". Sohn Bruno Hesse bestätigt dies: „Daß Vater in Montagnola ein äußerst zurückgezogenes Leben geführt hat, ein Einsiedlerleben, wie es oft dargestellt wird, stimmt nicht. Es gab zwar dieses Schildchen, das ihm Gunter Böhmer ans Gartentor gemalt hat und demzufolge Besuche unerwünscht waren, trotzdem waren aber immer viele Besucher in Vaters Haus. Mit dem Schild wollte Vater lediglich vermeiden, daß sämtliche Touristen bei ihm hereinschauten, die sich gerade im Tessin aufhielten."[301]

Im Sommer, wenn der Ansturm der Besucher am größten ist, flüchtet Hesse ab 1949 nach Sils Maria, wo er jeweils zwei Monate verbringt. Besucher aber, die sich angekündigt haben und von deren ernsthaftem Interesse Hesse überzeugt ist, bleiben ihm stets willkommen.

Auch nehmen das Malen und die Gartenarbeit einen immer wichtigeren Teil im Leben Hesses ein. Man findet ihn beim Unkrautjäten, das er wie einen Kult betreibt, oder er zieht sich mit Malstuhl und Malzeug zurück und gestaltet seine bildnerischen Antworten aus der Auseinandersetzung mit dem lichterfüllten Tessin. Die Korrespondenz nimmt einen Hauptteil der Arbeitszeit Hesses in Anspruch: Über 35.000 Briefe hat der Dichter zeit seines Lebens beantwortet, einen Großteil im Alter. Stets versucht er, wenn Leser oder Verehrer mit einem ernsthaften Anliegen brieflich an ihn herantreten, diesen gerecht zu werden und dem Fragenden persönlich zu antworten. Antwortkarten oder formatierte Antworten sind ihm ein Greuel und bleiben auf Zeiten der Abwesenheit beschränkt.

An dichterischen Werken bleibt das „Glasperlenspiel" das letzte umfangreiche. Danach schreibt Hesse nur noch kürzere Prosatexte und Gedichte.

Am 9. August 1962 stirbt Hermann Hesse in Montagnola. Sein Werk steht erst am Anfang der weltweiten Verbreitung.

Noch einmal soll abschließend Bruno Hesse zu Wort kommen, mit seiner Erinnerung an das letzte Zusammensein mit dem Vater[302]: „Zu Vaters 85. Geburtstag waren wir Brüder mit unseren Frauen am 2. Juli 1962 von Max Wassmer[303] nach Faido in den Albergo Milano eingeladen. Wir kamen mittags dort an, wenig später kamen Vater und Ninon mit Trudel Hanssum, die in Montagnola als Sekretärin half, im Taxi an (. . .) Mitte Juli dann besuchte ich Vater nochmals, es war das letzte Wiedersehen. Im Auto fuhr ich Vater und Ninon nach Lanzo d'Intelvi und auf den Monte La Sighignola. Vater war frischer und kräftiger als am Geburtstag und genoß diese Fahrt, ganz besonders die großartige Aussicht von der Sighignola. Im himmelblauen Saal eines kleinen Hotels in Lanzo nahmen wir das Mittagessen ein und fuhren am Nachmittag über Osteno und Porlezza wieder zurück. Rührend dankte Vater jede kleine Handreichung. Am 8. August verreiste ich mit der Familie nach Österreich, am 9. August 1962 ist Vater gestorben und wir wußten nichts davon (. . .)"

Zum Tode von Hermann Hesse sind uns viele Zeugnisse
der Teilnahme, Dankbarkeit und Verehrung zugegangen.
Ich danke allen, die seiner gedachten und die mir dadurch Trost gebracht haben.

Montagnola, August 1962   Ninon Hesse

Verehrter Herr Dr Stieger, haben Sie Dank
für Ihre Beileidsworte und für die Rühmung
des Dichters. Ja, wie ein weiser Patriarch saß er
am Vorabend seines 85. Geburtstags auf der Schwelle
seines Hauses, während die Dorf-Blasmusik ihm
ein Ständchen brachte, und lächelte, strahlte,
sprach später mit einem lieben italienisch und
freute sich herzlich. Er war schwerkrank, wußte
es nun Glück nicht, und starb im Schlaf an einem
Hirnschlag, am 9.8. früh. Am 8. abends erhielt
er das Gedicht. Wie hätte er sich über den
schönen Katalog gefreut, er liebte die Familie Schmid
so sehr, kannte auch den Vater gut, von dem ersten
Bild berührt. Ich danke Ihnen sehr für den schönen
Katalog und lege das letzte Gedicht meines Mannes
bei.   Ihre   Ninon Hesse

*Kondolenz-Dankkarte von Ninon Hesse nach dem Tode Hesses sowie
ihr eigenhändiges Schreiben an Dr. Hermann Stieger*

X

Hermann Hesse
Chronik zu Leben und Werk

1877	Hermann Hesse am 2. Juli in Calw/Württemberg als Sohn des baltischen Missionars und späteren Leiters des „Calwer Verlagsvereins" Johannes Hesse (1847–1916) und Marie Hesse (1842–1902), Tochter des Indologen, Sprachforschers und Missionars Dr. Hermann Gundert, geboren. (Die väterliche Familienseite ist baltischer Herkunft, die mütterliche schwäbisch-westschweizerischer.)
1881–1886	Hesse wohnt mit seinen Eltern in Basel, wo sein Vater an der „Basler Mission" unterrichtet.
1886–1889	Rückkehr nach Calw, Hesse besucht das Reallyzeum.
1890–1891	Hesse besucht die Lateinschule in Göppingen, um sich auf das Württembergische Landexamen (1891) vorzubereiten, als Voraussetzung für die kostenlose Ausbildung zum evangelischen Theologen im „Tübinger Stift". Hesse erwirbt deswegen die württembergische Staatsangehörigkeit (vorher war er, durch sog. „Einkauf" der ganzen Familie im Jahre 1883, Basler und Schweizer Bürger gewesen).
1891–1892	Seminarist im ev. Klosterseminar Maulbronn, aus dem er nach sieben Monaten flieht. Er will „Dichter oder gar nichts werden".
1892	Hesse bei Christoph Blumhardt in Bad Boll (zum „Teufelsaustreiben"); Selbstmordversuch (Juni); Nervenheilanstalt Stetten (Juni bis August). Aufnahme ins Gymnasium von Cannstatt (November).
1893	Hesse legt im Juli das Einjährig-Freiwilligen-Examen (Obersekundarreife) ab. Er will jetzt Sozialdemokrat werden, hält sich viel in Wirtshäusern auf; liest Heine.

1894–1895	Praktikant bei der Calwer Turmuhrenfabrik Perrot.
1895–1898	Buchhändlerlehre bei J. J. Heckenhauer, Tübingen. Hesses erstes Gedicht erscheint gedruckt in „Das deutsche Dichterheim", Wien. Er verfaßt den Roman „Schweinigel" (Manuskript verschollen).
1899	Die beiden ersten Bücher Hesses erscheinen: „Romantische Lieder" (bei Pierson, Dresden) und „Eine Stunde hinter Mitternacht" (bei Diederichs, Leipzig).
1899–1903	Buchhandelsgehilfe und Antiquar in Basel. Reisen durch die Schweiz. Rezensionen für die „Allgemeine Schweizer Zeitung".
1901	Erste Italienreise (Florenz, Ravenna, Genua, Pisa, Venedig). „Hinterlassene Schriften und Gedichte von Hermann Lauscher" erscheint (bei R. Reich, Basel).
1902	„Gedichte", der Mutter gewidmet, die kurz vor Erscheinen des Bändchens (bei Grote, Berlin) verstirbt.
1903	weite Italienreise (Florenz, Venedig). Aufgabe des Buchhändlerberufs. Verlobung mit der Fotografin Maria Bernoulli.
1904	„Peter Camenzind" erscheint (bei S. Fischer, Berlin) mit großem Erfolg. Er begründet den Ruhm Hesses. Eheschließung mit Maria Bernoulli (aus altem Basler Gelehrtengeschlecht). Mit ihr bezieht er im Juli ein leerstehendes Bauernhaus in Gaienhofen am Bodensee. Freier Schriftsteller und Mitarbeiter von zahlreichen Zeitungen und Zeitschriften.
1905	Geburt des ersten Sohnes, Bruno.
1906	„Unterm Rad" erscheint (bei S. Fischer, Berlin). Zusammen mit Albert Langen und Ludwig Thoma Herausgeber der liberalen, gegen das persönliche Regime Wilhelms II. gerichteten Zeitschrift „März" (bis 1912).
1907	„Diesseits", Erzählungen, erscheint (bei S. Fischer, Berlin). In Gaienhofen baut und bezieht Hesse ein eigenes Haus.
1909	Geburt des zweiten Sohnes, Heiner. Hesse besucht Wilhelm Raabe in Braunschweig.
1911	Geburt des dritten Sohnes, Martin. Indienreise Hesses mit dem befreundeten Maler Hans Sturzenegger.

1912	Hesse verläßt Deutschland und übersiedelt mit seiner Familie nach Bern. „Umwege", Erzählungen, erscheint (bei S. Fischer, Berlin).
1913	„Aus Indien", Aufzeichnungen, erscheint (bei S. Fischer, Berlin).
1914	„Roßhalde«, Roman, erscheint (bei S. Fischer, Berlin). Bei Kriegsbeginn meldet sich Hesse freiwillig, wird jedoch als dienstuntauglich zurückgestellt und der Deutschen Gesandtschaft in Bern zugeteilt, wo er im Dienst der „Deutschen Kriegsgefangenenfürsorge" Hunderttausende von Gefangenen in Frankreich, England, Rußland und Italien mit Lektüre versorgt, Gefangenenzeitschriften herausgibt, redigiert und einen eigenen Verlag zur Herausgabe von Literatur für die Kriegsgefangenen aufbaut.
1914-1919	Zahlreiche politische Aufsätze, Mahnrufe, Offene Briefe usw. in deutschen, schweizerischen und österreichischen Zeitschriften.
1915	„Knulp. Drei Geschichten aus dem Leben Knulps" (bei S. Fischer, Berlin), „Musik des Einsamen" (bei Eugen Salzer, Heilbronn) sowie „Am Weg", Erzählungen (bei Reuß und Itta, Konstanz) erscheinen. Beginn der Freundschaft mit Romain Rolland.
1916	Der Tod des Vaters, die Krankheit seiner Frau und des jüngsten Sohnes Martin führen zu einem Nervenzusammenbruch. Erste psychotherapeutische Behandlung durch den C. G. Jung-Schüler J. B. Lang bei einer Kur.
1919	Hesse übersiedelt nach Montagnola/Tessin, in die „Casa Camuzzi", die er bis 1931 bewohnt. „Zarathustras Wiederkehr – Ein Wort an die deutsche Jugend von einem Deutschen" (anonym bei Stämpfli, Bern; dann 1920 unter seinem Namen bei S. Fischer, Berlin), „Kleiner Garten", Erlebnisse und Dichtungen (bei E. P. Tal, Wien) sowie „Demian. Die Geschichte einer Jugend" (unter dem Pseudonym Emil Sinclair bei S. Fischer, Berlin) erscheinen.

1920	„Gedichte des Malers", zehn Gedichte mit farbigen Zeichnungen des Autors (im Verlag Seldwyla, Bern), „Klingsors letzter Sommer", Erzählung, „Kinderseele", „Klein und Wagner" sowie „Wanderung", Aufzeichnungen mit farbigen Bildern des Verfassers (alle bei S. Fischer, Berlin) erscheinen. Gründung und Herausgabe der Zeitschrift für neues Deutschtum „Vivos Voco".
1921	Krise mit fast anderthalbjähriger Unproduktivität zwischen der Niederschrift des ersten und zweiten Teils von „Siddhartha". Psychoanalyse bei C. G. Jung. „Blick ins Chaos", zwei Dostojewski-Essays (bei Seldwyla, Bern) sowie „Ausgewählte Gedichte" (bei S. Fischer, Berlin) erscheinen.
1922	„Siddhartha. Eine indische Dichtung" erscheint (bei S. Fischer, Berlin).
1923	Erster Kuraufenthalt in Baden bei Zürich, wo sich Hesse fortan bis 1951 am Ende jedes Jahres aufhält. „Sinclairs Notizbuch" erscheint (bei Rascher, Zürich). Die Ehe mit Maria Bernoulli wird geschieden.
1924	Hesse wird Schweizer Staatsbürger. Eheschließung mit Ruth Wenger.
1925	„Der Kurgast" erscheint (bei S. Fischer, Berlin).
1926	Hesse wird als auswärtiges Mitglied in die Sektion für Dichtkunst der Preußischen Akademie der Künste Berlin gewählt, aus der er 1931 wieder austritt. „Bilderbuch", Schilderungen, erscheint (bei S. Fischer, Berlin).
1927	„Die Nürnberger Reise" und „Der Steppenwolf" erscheinen (bei S. Fischer, Berlin). Gleichzeitig veröffentlicht Hugo Ball zum 50. Geburtstag Hesses eine erste Biographie des Dichters. Scheidung der zweiten Ehe auf Wunsch seiner Frau Ruth.
1928	„Betrachtungen" sowie „Krisis. Ein Stück Tagebuch" erscheinen (bei S. Fischer, Berlin).
1929	„Trost der Nacht", Neue Gedichte (bei S. Fischer, Berlin) sowie „Eine Bibliothek der Weltliteratur" (in Reclams Universalbibliothek, Leipzig) erscheinen.

1930	„Narziß und Goldmund", Erzählung, erscheint (bei S. Fischer, Berlin).
1931	Eheschließung mit der Kunsthistorikerin Ninon Dolbin geb. Ausländer. Mit ihr bezieht Hesse die vom Mäzen H. C. Bodmer erbaute und ihm auf Lebzeiten zur Verfügung gestellte „Casa Hesse" in Montagnola.
1932	„Die Morgenlandfahrt" erscheint (bei S. Fischer, Berlin).
1932–1943	Entstehung des „Glasperlenspiels".
1933	„Vom Baum des Lebens" erscheint (beim Insel Verlag, Leipzig).
1935	Das „Fabulierbuch" erscheint (bei S. Fischer, Berlin).
1936	„Stunden im Garten", eine Idylle, erscheint (bei Gottfried Bermann Fischer, Wien).
1939–1945	Hesses Werke gelten in Deutschland als unerwünscht. Der Druck des „Glasperlenspiels" wird 1942 von Goebbels' Propagandaministerium untersagt.
1942	„Die Gedichte", erste Gesamtausgabe von Hesses Lyrik, erscheint (bei Fretz und Wasmuth, Zürich).
1943	„Das Glasperlenspiel. Versuch einer Lebensbeschreibung des Magister Ludi Josef Knecht samt Knechts hinterlassenen Schriften. Herausgegeben von Hermann Hesse" erscheint (bei Fretz und Wasmuth, Zürich).
1945	„Traumfährte", Neue Erzählungen und Märchen, erscheint (bei Fretz und Wasmuth, Zürich).
1946	Hesses Werke werden wieder in Deutschland veröffentlicht, zunächst im Suhrkamp Verlag vorm. S. Fischer, dann im Suhrkamp Verlag, Frankfurt/M. Goethe-Preis der Stadt Frankfurt am Main. Hesse erhält den Nobelpreis für Literatur. „Krieg und Frieden", Betrachtungen zu Krieg und Politik seit 1914, erscheint (bei Fretz und Wasmuth, Zürich).
1947	Ehrendoktor der Universität Bern.
1950	Wilhelm-Raabe-Preis.
1951	Die Bände „Späte Prosa" und „Briefe" erscheinen (beim Suhrkamp Verlag, Frankfurt/M.).

1952	„Gesammelte Dichtungen" in sechs Bänden erscheinen (bei Suhrkamp, Frankfurt/M.) als Festgabe zum 75. Geburtstag.
1954	„Piktors Verwandlungen", ein Märchen (als Handschrift-Faksimile bei Suhrkamp, Frankfurt/M.) und der Briefwechsel Hesse-Romain Rolland (bei Fretz und Wasmuth, Zürich) erscheinen.
1955	Friedenspreis des Deutschen Buchhandels. Aufnahme in die Friedensklasse des Ordens Pour le Mérite. „Beschwörungen", späte Prosa, erscheint (bei Suhrkamp, Frankfurt/M.).
1957	„Gesammelte Schriften" in sieben Bänden erscheinen (bei Suhrkamp, Frankfurt/M.).
1961	„Stufen", alte und neue Gedichte in Auswahl, erscheint (bei Suhrkamp, Frankfurt/M.).
1962	„Gedenkblätter", erweiterte Ausgabe, erscheint (bei Suhrkamp, Frankfurt/ M.). Am 9. August stirbt Hermann Hesse in Montagnola; am 11. August wird er unter großer Beteiligung auf dem Friedhof San Abbondio in Montagnola beigesetzt.

Glossar

Mehrfach zitierte Bücher werden mit folgenden Abkürzungen gekennzeichnet:

GW   Hermann Hesse: Gesammelte Werke in zwölf Bänden, Frankfurt/M.
         1987
GB   Hermann Hesse: Gesammelte Briefe in vier Bänden, Frankfurt 1985
ES   Hermann Hesse: Eigensinn, Frankfurt 1972
BeL   Hermann Hesse: Beschreibung einer Landschaft / Schweizer Miniatu-
         ren, Frankfurt 1990
SL   Hermann Hesse – Sein Leben in Bildern und Texten, Frankfurt 1979
JCW   Siegfried Greiner: Hermann Hesse – Jugend in Calw, Sigmaringen 1981
LF   Ludwig Finckh: Gaienhofener Idylle, Reutlingen 1981
GB-HH   Gunter Böhmer – Hermann Hesse. Dokumente einer Freundschaft,
         Calw 1987
EdS   Uli Rothfuss: Erinnerungen der Söhne an ihren Vater Hermann Hesse,
         Calw 1989

Von großem Nutzen bei der Erstellung des Glossars waren die beiden Bände von
Ursula Apel: Hermann Hesse. Personen und Schlüsselfiguren in seinem Leben,
München 1989.

1 am 20. Juli 1877
2 Dr. Carl Hermann Hesse (1802-1896), Kreisarzt, Staatsrat in Weißen-
   stein/Estland, HHs Großvater
3 Dr. Hermann Gundert (1814-1893), Schulinspektor, Indologe, Sanskritist,
   Theologe, Historiker und Schriftsteller, als Missionar in Indien, 1862 bis 1893
   Leiter des Calwer Verlagsvereins, HHs Großvater
4 Theodor Isenberg (1866-1941), Opernsänger und Apotheker, HHs Halbbruder
5 Dr. Karl Isenberg (1869-1937), Philologe, Gymnasialprofessor, HHs Halbbruder
6 Adele Hesse (1875-1949), HHs ältere Schwester, verheiratet mit ihrem Vetter Hermann Gundert (1876-1956)
7 Marulla Hesse (1880-1953), Lehrerin und Sekretärin des Vaters Johannes
   Hesse, HHs jüngere Schwester
8 Hans Hesse (1882-1935), Kaufmann, HHs jüngerer Bruder
9 Johannes Hesse (1847-1916), von 1869 bis 1873 Missionar in Indien, dann
   Mitarbeiter der Basler Mission, Leiter des Calwer Verlagsvereins von 1893
   bis 1905, HHs Vater

10 Christian Gottlob Barth (1799-1862), Pfarrer, Schriftsteller und Mitbegründer des Calwer Verlagsvereins
11 Charles Isenberg (1840-1870), Missionar in Indien, erster Ehemann von HHs Mutter Marie Gundert, Vater der Halbbrüder Hesses
12 HH: Gerbersau, Tübingen 1949
13 HH: Roßhalde, 1914 im S. Fischer Verlag, Berlin
14 Dankbrief an den Gemeinderat der Stadt Calw für die Zuerkennung der Ehrenbürgerschaft, 1947. Stadtarchiv Calw, Sammlung Hermann Hesse, in: Walter Staudenmeyer: Hermann Hesse und Calw, Calw 1977, S. 32
15 HH: Gerbersau, Tübingen 1949
16 GW Bd. 2, S. 370
17 Ebenda, S. 351
18 Ebenda
19 Ebenda
20 Brief vom 11. 7. 1891, JCW, S. 65
21 Brief vom 19. 7. 1891, ebenda
22 GW Bd. 2, S. 358f.
23 HH: Gerbersau, 1. Bd., Tübingen 1949, S. 11
24 HH: Gerbersau, 2. Bd., a. a. O., S. 356
25 das heißt: dem Angeln
26 Kreisnachrichten Calw, Sonderbeilage zum 900-Jahr-Jubiläum der Stadt Calw vom 4. 9. 1975, s. auch: JCW, S. 44
27 Dietrich Gneiting, Artikel in den Kreisnachrichten Calw vom 13. 8. 1990
28 Gesammelte Schriften, 1950, S. 753
29 Stadtarchiv Calw, Sammlung Hermann Hesse, in: W. Staudenmeyer, HH und Calw, a. a. O., S. 36
30 GW Bd. 2, S. 358f.
31 Ebenda
32 GB Bd. 1, S. 130
33 Dr. Paul Weizsäcker (1850-1917), Rektor des Calwer Reallyceums, Schriftsteller und Mentor für Übersetzungen altklassischer Literatur, Kultur- und Kunsthistoriker
34 GW Bd. 10, S. 359, s. auch: JCW, S. 31
35 Otto Mörike: Der junge Hesse – Persönliche Erinnerungen an Schul- und Jugendzeit, in: Basler Nachrichten vom 30. 6. 1952, s. auch: JCW, S. 31
36 im S. Fischer Verlag, Berlin
37 siehe hierzu: JCW, S. 31
38 GW Bd. 2, S. 269f.
39 EdS, S. 18
40 GW Bd. 2, S. 370
41 Stadtarchiv Calw, Sammlung Hermann Hesse, in: W. Staudenmeyer: HH und Calw, a. a. O., S. 30
42 HH: Der vierte Lebenslauf Josef Knechts, Frankfurt 1965, S. 106
43 veröffentlicht 1943 im Verlag Fretz und Wasmuth, Zürich
44 Erzählungen, Bd. 2, S. 227
45 Stadtarchiv Calw, Sammlung Hermann Hesse, in: W. Staudenmeyer: HH und Calw, a. a. O., S. 23
46 wie er in „Kleine Freuden" beschreibt, s. auch: JCW, S. 35
47 Kindheit und Jugend vor Neunzehnhundert, Bd. 1, S. 158

48 Ludwig Uhland (1787-1862), bedeutendster Dichter der schwäbischen Spätromantik, Professor für Germanistik und Politiker
49 Emilie Vischer (1799-1881), Ludwig Uhlands Ehefrau
50 GW Bd. 10, S. 385
51 Nikolaus Lenau (1802-1850), Dichter des Weltschmerzes, der schwäbischen Romantik nahestehend
52 Hermann Kurz (1813-1873), schwäbischer Realist
53 Eduard Zeller (1814-1908), Philosoph und Theologe
54 1937, GW Bd. 6, S. 377
55 Ebenda, S. 393f.
56 GW Bd. 2, S. 353
57 Ebenda, S. 370
58 Brief vom 9. 6. 1953, GB Bd. 4, S. 179
59 Otto Bauer (1830-1899), Rektor der Lateinschule in Göppingen
60 „Rundbrief aus Sils Maria", 1954
61 „Biographische Notizen", 1923, ES, S. 18
62 Christoph Blumhardt (1842-1919), evang. Theologe, ab 1880 Leiter der Privatheilanstalt von Bad Boll
63 SL, S. 53 (IT)
64 ein Brief, den Hermann Hesse am 14. 9. 1892 an seinen Vater richtete, SL, S. 56
65 „Biographische Notizen", 1923, ES, S. 19
66 Brief an den Vater, Ende 1893, SL, S. 58
67 Dr. Ernst Zeller, Medizinalrat, Leiter der Irrenanstalt Winnenden-Winnental
68 „Biographische Notizen", 1923, ES, S. 19
69 Ebenda, S. 20
70 Brief an Theodor Rümelin vom 29. 5. 1895, SL, S. 61
71 „Biographische Notizen", 1923, ES, S. 20
72 „Kurzgefaßter Lebenslauf", 1925, ES, S. 28
73 „Erinnerung an Hans", 1937, GW Bd. 10, S. 223
74 1925, in: ES, S. 29
75 Ludwig Finckh (1876-1964), Arzt und Dichter der schwäbischen Landschaft und Geschichte
76 SL, S. 68
77 aus Ludwig Finckh: Himmel und Erde
78 Helene Voigt-Diederichs (1875-1961), Schriftstellerin, verheiratet mit dem Verleger Eugen Diederichs, erste Leserin, die sich schriftlich an HH wandte
79 Eugen Diederichs (1867-1930), Verleger, veröffentlichte 1899 HHs erste Prosa
80 Emmanuel La Roche, Basler Pfarrer
81 Elisabeth La Roche (1876-1965), Pianistin, Musiklehrerin, Tänzerin und Choreographin, Hesses Jugendfreundin während seiner Basler Jahre
82 1903 im S. Fischer Verlag, Berlin
83 am 28. 1. 1896, in: SL, S. 75
84 Jacob Burckhardt (1818-1897), Kunst- und Kulturhistoriker
85 im Jahre 1936 in „Bonniers Litterära Magasin"
86 „Biographische Notizen", 1923, ES, S. 21
87 Ebenda, S. 22

88 GB Bd. 1, S. 95
89 Maria Bernoulli (1868-1963), erste Frau HHs
90 Alfons Paquet (1881-1944), Schriftsteller und Redakteur, Freund HHs
91 Brief vom 20. 3. 1903, GB Bd. 1, S. 99
92 Cesco Como (1877- 1958), Publizist und Gymnasialprofessor
93 GB Bd. 1, S. 104
94 Ebenda, S. 107
95 Brief vom 11. 10. 1903, ebenda
96 Ebenda, S. 111
97 Brief an Karl Gintzkey vom 27. 10. 1903, ebenda, S. 110
98 Paul Gundert (1883-1918), Verlagsbuchhändler, HHs Vetter
99 GB Bd. 1, S. 120
100 Brief vom 26. 6. 1904, ebenda, S. 121
101 HH: Biographische Notizen, 1923
102 in: Joseph Mileck: Hermann Hesse, München 1978
103 Hermann Hesse in Gaienhofen, in: LF, S. 9
104 HH: Beim Einzug in ein neues Haus, 1931, GW Bd. 10, S. 141f.
105 2. 9.1904, GB Bd. 1, S. 129
106 HH: Beim Einzug in ein neues Haus, 1931, GW Bd. 10, S. 140f.
107 GB Bd. 1, S. 124
108 Der Rosenkohl, in: LF, S. 65
109 Brief an Richard von Schaukal vom 11. 1. 1904, in: SL, S. 97
110 HH: Beim Einzug in ein neues Haus, 1931, GW Bd. 10, S. 144
111 Der Lehrmeister, in: LF, S. 13
112 im Herbst 1906 an Karl Gintzkey, GB Bd. 1, S. 136
113 Das alte Bauernhaus, in: LF, S. 24
114 HH: Besuch bei einem Dichter, 1933, GW Bd. 10, S. 163f.
115 Conrad Haußmann (1857-1922), Rechtsanwalt, Mitglied des Reichstages, seit
    etwa 1908 HHs Freund, ständiger Mitarbeiter im „März"
116 Albert Langen (1869-1909), Verleger, Mitherausgeber des „März"
117 Ludwig Thoma (1867-1921), Schriftsteller, Mitherausgeber des „März"
118 Olaf Gulbransson (1873-1958), norwegischer Zeichner, Maler, Karikaturist,
    ab 1902 in Deutschland, 1929 Professur an der Münchner Akademie der bil-
    denden Künste, HHs Freund
119 Wilhelm Schäfer (1868-1952), Erzähler und Romancier
120 Emil Strauß (1866-1960), Schriftsteller
121 Christian Wagner (1835-1918), schwäbischer Bauer und Dichter
122 SL, S. 88
123 vom 25. 10. 1904, GB Bd. 1, S. 128
124 HH: Bei Christian Wagners Tod, 1918
125 EdS, S. 53
126 vom 2. 1. 1912, in: Sammlung Hermann Hesse im Höri-Museum Gaienhofen
127 1899
128 Brief vom 5. 12. 1904, GB Bd. 1, S. 131
129 Ebenda, S. 183
130 vom 21. 11. 1910, ebenda, S. 186
131 SL, S. 92 (IT)
132 Ebenda, S. 89
133 Ebenda, S. 88
134 Brief an Theodor Haering, GB Bd. 1, S. 150

135 Ernst Würtenberger (1868-1934), Maler und Graphiker, porträtierte 1905
HH
136 Eduard Zimmermann, Münchner Bildhauer, schuf im Februar 1908 eine
HH-Büste
137 SL, S. 90
138 Das alte Bauernhaus, in: LF, S. 24
139 Othmar Schoeck (1886-1957), Schweizer Komponist, Lieder- und Opern-
komponist im Übergang der Spätromantik zur Romantik, vertonte 23
HH-Gedichte, enge Freundschaft zu HH
140 Fritz Brun (1878-1959), Dirigent und Komponist, Leiter des Berner Sym-
phonie-Orchesters, Dr. h. c., seit 1908 mit HH befreundet
141 Alphonse Brun, Violonist, Konzertmeister, HHs Freund
142 Ilona Durigo (1881-1943), bedeutendste Konzert-Altistin ihrer Epoche, Lehrerin am Konservatorium Zürich, seit 1911 mit HH befreundet
143 Dr. Hermann Suter (1870-1926), Schweizer Komponist, Organist und Kapellmeister
144 HH: An einen Musiker, 1960
145 GW Bd. 3, S. 8f.
146 HH: Der vierte Lebenslauf Josef Knechts, ed. Suhrkamp, Frankfurt 1965
147 Dr. Alfred Schlenker (1876-1959), Musiker, Komponist, Stomatologe, HHs
Zahnarzt in Konstanz, mit ihm befreundet
148 1922
149 HH: Beim Einzug in ein neues Haus, 1931, GW Bd. 10, S. 143/145
150 Brief vom 13. 5. 1907 an Halbbruder Karl Isenberg, GB Bd. 1, S. 139
151 SL, S. 98
152 EdS, S. 20
153 vom 24. 11. 1910, GB Bd. 1, S. 186
154 vom 28. 11. 1910, ebenda, S.189
155 am 8. 12. 1908 an Rudolf Wackernagel-Burckhardt, ebenda, S.151
156 am 18. 4. 1904 an Franz Ginzkey
157 HH: Der Kurgast, in: GW Bd. 7
158 in einem Brief vom 11. 7. 1909, GB Bd. 1, S. 158
159 Ebenda, S. 140
160 1910, SL, S. 101
161 1908, ebenda, S. 110
162 Brief an Karl Ginzkey vom 14. 2. 1908, GB Bd. 1, S. 143
163 Sammlung Hermann Hesse im Höri-Museum Gaienhofen
164 Otto Kimmig (1858-1913), Altphilologe, Gymnasialdirektor und Schriftsteller
165 Brief vom 10. 3. 1908, GB Bd. 1, S. 147
166 Brief an Otto Hartmann vom 2. 4. 1910, ebenda, S. 176
167 in einem Brief an Ludwig Renner vom 24. 11. 1910, ebenda, S. 186
168 Brief an Johannes Hesse vom 16. 11. 1910, ebenda, S. 182
169 Ebenda, S.160
170 in einem Brief vom 15. 12. 1909 an Wilhelm Frick, ebenda, S. 194
171 Brief vom Mai/ Juni 1911 an Freund Fritz Brun, ebenda, S. 194
172 1910, GW Bd. 10, S. 13f.
173 Der Rosenkohl, in: LF, S. 66
174 Brief an Samuel Fischer vom 29. 1. 1910, GB Bd. 1, S. 167
175 31.1. 1910, ebenda, S. 170

176 Brief vom 26. 2. 1904 an Hermann Haas, in: SL, S. 123
177 Brief von Ende November 1911 an Conrad Haußmann, GB Bd. 1, S. 201
178 Der Bienenvater, in: LF, S. 59
179 am 6. 1. 1912, GB Bd. 1, S. 204
180 Ebenda, S. 202
181 Brief vom Dezember 1911 an die Redaktion des „Schwabenspiegel", ebenda, S. 203
182 HH: Beim Einzug in ein neues Haus, 1931, GW Bd. 10, S. 148
183 in einem Brief an Wilhelm Steinhausen, GB Bd. 1, S. 182
184 Brief an Conrad Haußmann von Juni 1912, ebenda, S. 209
185 Der Bienenvater, in: LF, S. 60
186 1912
187 Peter Camenzind, 1904 im S. Fischer Verlag erschienen, GW Bd. 1, S. 343
188 HH: Erinnerungen an Othmar Schoeck. Erstdruck in: Festgabe der Freunde zum 50. Geburtstag, Eugen Rentsch Verlag Erlenbach-Zürich 1936
189 Alfred Schoeck (1841-1931), Schweizer Maler, Vater von Othmar Schoeck
190 in seinem Vorwort zu dem kleinen Ausstellungskatalog
191 im gleichen Heft
192 HH: Hermann Lauschers Tagebuch (Auszug), in: BeL, S. 43, auch: GW Bd.
1, S. 320
193 HH: Rigi-Tagebuch (Auszug), in: BeL, S. 186, auch: GW Bd. 8, S. 408
194 HH: Die Flüchtlinge
195 in seinen „Erinnerungen an Othmar Schoeck", siehe Anm. 188
196 HH: Erinnerungen an Othmar Schoeck, in: BeL, S. 243
197 aus dem Jahre 1931
198 HH: Erinnerungen an Othmar Schoeck, in: BeL, S. 244
199 Ebenda, S. 245
200 in seinem Text „Erinnerung an Ärzte", 1960
201 Brief an Otto Hartmann vom 22. 4. 1913, in: GB Bd. 1, S. 224
202 Brief an Walter Schädelin vom 30. 5. 1912, in: ebenda, S. 206
203 Albert Welti (1862-1912), Schweizer Maler und Graphiker, ab 1905 mit HH
befreundet
204 in seinem Tagebuch, 21. 8. 1915
205 Brief an R. J. Humm von März 1933, in: SL, S. 147
206 in der Neckar-Zeitung, Heilbronn
207 GW Bd. 7, S. 134
208 Dr. Josef Bernhard Lang (1881-1945), Arzt, Psychotherapeut, Schüler von C.
G. Jung. HH hatte insgesamt 60 psychoanalytische Sitzungen bei Lang (vgl.
dazu: Siegfried Unseld: HH – Werk und Wirkungsgeschichte, Frankfurt
1987, S. 69)
209 Dr. Carl Gustav Jung (1875- 1961), Schweizer Psychologe und Psychiater,
Professor in Zürich und Basel, Begründer der Tiefenpsychologie
210 in seinen „Biographischen Notizen", 1923
211 Cuno Amiet (1868-1961), Schweizer Maler und Graphiker, ab 1920 Pflege-
vater und Lehrer von HHs Sohn Bruno
212 bei einem Gespräch mit dem Verfasser im Sommer 1988, veröffentlicht in
EdS, S. 60
213 EdS, S. 47
214 Ebenda, S. 17
215 Ebenda, S. 45

216 Ebenda, S. 48
217 GB Bd. 1, S. 205
218 EdS, S. 51
219 Ebenda, S. 70
220 Ebenda, S. 72
221 Ebenda, S. 32
222 im Juni 1988
223 EdS, S. 41
223a herausgegeben vom Verfasser: Hermann Hesses Calw - fotografiert von Martin Hesse. Calw, 1997
224 Martin Hesse: Album, Langnau 1987, S. 5
225 Isabelle Hesse: Sonderdruck aus der „Berner Zeitschrift für Geschichte und Heimatkunde", 31. Jahrgang 1969, S. 7
225a Manuskript „Martin Hesse: Notizen nach Besuchen in Montagnola 1951-1957, kommentiert von Volker Michels" zur Veröffentlichung bei der Kreissparkasse Calw, als Erweiterung zu EdS
226 HH: Wahlheimat, in: BeL, S. 166
227 EdS, S. 70
228 Carl Hofer (1878-1955), Maler des deutschen Expressionismus, bis 1934 Professor an der Kunstakademie Berlin
229 HH: Beim Einzug in ein neues Haus, 1931, GW Bd. 10, S. 153
230 HH: Vierzig Jahre Montagnola, in: BeL, S. 226
231 HH: Beim Einzug in ein neues Haus, 1931, GW Bd. 10, S. 152f.
232 Brief an Helene Welti vom 20. 10. 1919, in: SL, S. 173
233 HH: Klingsors letzter Sommer, GW Bd. 5, S. 294
234 am 21. 12. 1920 an Franz Karl Ginzkey, in: SL, S. 185
235 Brief an Georg Reinhart vom 5. 6. 1924, in: ebenda, S. 188
236 HH: Kurzgefaßter Lebenslauf, 1921, in: ES, S. 38
237 GB-HH, S. 79
238 Ursula Böhmer, (1920–1995), Gobelinweberin und Ehefrau des Malers Gunter Böhmer
239 in seinem „Nachwort zu Hermann Lauscher", 1976, in: GB-HH, S. 129
240 so in dem Leitartikel „Im Gemüsegarten" des Magazins „Der Spiegel" vom 9. 7. 1958
241 Gunter Böhmer: „Gartenbruder", 1975, in: GB-HH, S. 100
242 Volker Michels: Wenn ich doch so etwas einmal malen könnte, in: ebenda, S. 25
243 in seinem Text „Nachwort zu Hermann Lauscher", 1976, siehe Anm. 239
244 Volker Michels: Wenn ich doch so etwas einmal malen könnte, a. a. O., S. 26
245 Gunter Böhmer: Zu den Bildern in „Marie Hesse", 1977, in: GB-HH, S. 133
246 SL, S. 260
247 Zit. nach: Volker Michels: Wenn ich doch so etwas einmal malen könnte, a. a. O., S. 31
248 So schreibt Hesse an Böhmer im November 1933
249 in „Das Werk", 1938, veröffentlicht in: GB-HH, S. 48
250 Gunter Böhmer: Malausflug mit Hermann Hesse, 1936, in: GB-HH, S. 80
251 GB: Zu Hesses Malerei, in: ebenda, S.81
252 GB: Nachträgliche und vorläufige Aufzeichnungen, 1973, in: GB-HH, S. 82
253 Ebenda, S. 90

254 Ebenda, S. 93
255 Ebenda, S. 94
256 Ebenda
257 Ebenda
258 GB: In Hesses Nähe, 1976, in: ebenda, S. 107
259 in dem Text: Mein Dieb, 1976, in: ebenda, S. 115
260 GB: Nachträgliche und vorläufige Aufzeichnungen, 1973, in: ebenda, S. 97
261 in seinem „Nachwort zu Stunden im Garten", in: ebenda, S. 102
262 „Der Kurgast", Erzählung, GW Bd. 7, S. 111f.
263 GB: Nachträgliche und vorläufige Aufzeichnungen, 1973, in: GB-HH, S. 97
264 in seinem „Nachwort zu Stunden im Garten", in: ebenda, S. 101
265 festgehalten in den „Skizzenbuchblättern eines Montagnolesen", 1984, in: ebenda, S. 142
266 GB: Nachträgliche und vorläufige Aufzeichnungen, 1973, in: ebenda, S. 98
267 Ebenda, S.99
268 Ninon Dolbin (1895-1966), Kunsthistorikerin, HHs dritte Frau
269 Joseph Mileck: Hermann Hesse, München 1978
270 Brief an den Vater vom 16. 3. 1914, GB Bd. 1, S. 242
271 EdS, S. 38
272 Ebenda, S. 65
273 HH: Klingsors letzter Sommer, 1920, GW Bd. 5, S. 314 ff.
274 EdS, S. 61
275 Brief an Theo Wenger, vermutlich 1921, in: SL, S. 206
276 EdS, S. 38
277 Benedikt Fred Dolbin (1883-1971), Ingenieur, Maler, Zeichner und Karikaturist, erster Ehemann von Ninon
278 Dr. Hans Conrad Bodmer (1891-1956), Arzt, Musiker und bekannter Beethovensammler
279 EdS, S. 67
280 in das Deutsche Literaturarchiv
281 in die Schweizerische Landesbibliothek
282 Hugo Ball (1886-1927), Dramatiker, Erzähler, Essayist, Zeitkritiker, Pazifist, Mitbegründer des Dadaismus
283 Emmy Ball-Hennings (1885-1948), Schauspielerin und Dichterin, Ehefrau Hugo Balls
284 SL, S. 196
285 Ernst Bloch (1885-1977), Philosoph und Schriftsteller
286 René Schickele (1883-1940), Erzähler, Lyriker und Dramatiker
287 Walter Benjamin (1892-1940), Schriftsteller, Literaturkritiker und -wissenschaftler, Essayist
288 Peter Weiss (1916-1982), Schriftsteller, Maler und Graphiker, lebte von 1937 bis 1938 in Montagnola, Illustrationen für HH
289 Robert Musil (1880-1942), Schriftsteller
290 Bertolt Brecht (1898-1956), Schriftsteller, von HH als „bekannter antifaschistischer Autor" bezeichnet
291 Helene Weigel (1900-1971), Schauspielerin und Theaterleiterin, zusammen mit ihrem Mann Bertolt Brecht eine der ersten Emigrantinnen, die bei HH Station machten
292 Heinrich Wiegand (1895-1934), Schriftsteller, Lehrer und Journalist
293 Lisa Tetzner (1894-1963), Jugendschriftstellerin

294 in einem Brief an Hermann Hubbacher vom 25. 3. 1933, in: SL, S. 257

295 Samuel Fischer (1859-1934), 1886 in Berlin Gründer des S. Fischer Verlages

296 Gottfried Bermann Fischer (1897-), Verleger, Nachfolger von Samuel Fischer im S. Fischer Verlag

297 Peter Suhrkamp (1891-1959), Pädagoge, Dramaturg, Regisseur, Publizist und Redakteur, ab 1933 Geschäftsführer und Leiter des S. Fischer Verlags, ab 1942 Umbenennung in Suhrkamp Verlag vorm. S. Fischer, ab 1950 Leiter des Suhrkamp Verlages, enge persönliche Freundschaft zu HH

298 Anfang 1936, SL, S. 268

299 Brief an Josselin de Jong, 1946, in: SL, S. 271

300 bei Fretz und Wasmuth im Jahre 1943

301 EdS, S. 32

302 Ebenda, S. 36

303 Max Wassmer (1887-1970), Schweizer Zementfabrikant, Freund und Mäzen Hesses

Bildnachweis

Schiller-Nationalmuseum / Deutsches Literaturarchiv Marbach:
Frontispiz; Seiten 11–15, 17, 20–24 oben, 28, 32, 33, 39–41, 45, 49, 56–67,
73 oben, 76, 80–105, 123–131, 135, 139–149, 153, 157, 165, 174–187;
Farbe: 198–201, 207

Georg Schoeck und Elisabeth Schoeck-Gruebler, Brunnen:
Seite 52, 113–122, 191; Farbe: 193 oben, 194, 195, 197

Kreissparkasse Calw, Andreas Laich:
Seite 137; Farbe: 204–206

Ursula Böhmer, Montagnola:
Seite 160; Farbe: 208

Wolfgang Kermer, Stuttgart:
Seite 163

Uli Rothfuss, Calw:
Seite 16, 19, 24 unten, 25, 26, 31, 35, 37, 42, 47, 72, 73 unten, 74, 75, 77, 99,
133, 151, 152, 154, 172; Farbe: 193 unten, 196, 202, 203